번역자를 위한 우리말 공부

번역자를 위한 우리말 공부

한국어를 잘 이해하고 제대로 표현하는 법

이강룡 지음

차례

한국어를 잘 이해하고
제대로 표현하려는 번역자에게

어느 날 김소진의 소설 「쥐잡기」의 한 대목을 우연히 읽었다. 평소 쓰지 않는 낯선 표현에 아래처럼 밑줄을 그으며 읽어 보았는데 사전을 찾지 않고서도 무슨 뜻인지 다 알 수 있다는 점이 신기했다.

그 틀사진은 주민등록증에 붙어 있던 흑백 증명사진을 부랴사랴 확대하여 마련한지라 전체적으로 우중충한 기분을 줄 뿐 아니라 윤곽마저 희미하게 어룽거려 마치 급조된 몽타주 속의 인물을 연상시켰다. 조붓한 공간 속에 갇혀 경성드뭇한 대머리를 인 채 움펑 꺼져 대꾼한 눈자위로 방 안을 내려다보고 있는 아버지는 무엇에 놀랐는지 잔뜩 겁에 질린 표정이었다. 어깨까지 한껏 곱송그리고 있어 방금 열병을 앓고 난 이 같았다.

— 최경봉, 『한글 민주주의』, 책과함께, 2012, 138쪽에서 재인용

　섬세한 맥락에서 적절한 고유어 표현을 독자에게 넌지시 제안하면서도 독자 스스로 원뜻에 쉽게 다가가도록 자연스럽게 이끄는 것이 김소진 글월의 힘이었다. 이 경험이 내가 이 책을 구상하게 된 계기다. 그 무렵 나는 한겨레교육문화센터 강좌인 '번역자를 위한 한국어 문장 강화'를 진행하고 있었는데, 번역자에게 가장 필요한 덕목이 무엇인지 깨달았다. 그건 바로 한국어 표현을 더 섬세하게 익히는 일이다. 역자 주석이나 해설 없이 유려한 한국어 문장으로 옮긴 본문만으로 독자를 이해시킨다면 더 바랄 나위가 없으리라. 번역은 외국어 실력에서 시작하여 한국어 실력에서 완성된다.

　그동안 내 강의에 참여한 수강생 직업 분포를 요약하면 이 책의 독자를 구체적으로 규정할 수 있을 것 같다. 기술 문서만 다루다 보니 한국어 어휘 선택이나 문장 감각이 무뎌진 것 같다고 느끼는 현직 번역자, 외국어 구사 능력에 비해 한국어 표현력이 부족하다 여기는 통역사, 이제 막 번역이라는 세계에 발을 디딘 초보 번역자 그리고 수많은 번역서를 검토하고 원고의 질을 판단해야 하는 외서 편집자가 그들이다.

　사람과 사람 사이의 모든 의사소통은 번역 과정을 거친다. 새로운 뜻을 더하거나 빼지 않고 원문을 옮기는 게 번역이

라면, 원뜻을 살리되 자기 상황에 적용해 새롭게 의미를 부여하는 일이 해석이니, 좋은 대본을 정해서 공들여 번역하면 훌륭한 해석도 나올 것이다. 이것이 이상적인 번역이 선사하는 효용이다. 원본 언어를 독자의 언어로 옮겨야 하는 임무를 띤 번역자는 그런 면에서 의사소통의 양편을 두루 보살펴야 하는 힘든 일을 떠맡는다.

나는 이 책에서 외국어를 한국어로 옮기는 일뿐 아니라, 외국어 투 표현을 더 자연스러운 한국어 표현으로 바루는 일이라든지, 전문 영역의 용어를 교양 영역의 용어로 바꾸는 과정까지 번역이라고 넓게 규정했다. 한국인이 한국어 문장을 읽고서도 쉽게 뜻을 알지 못한다면 그건 둘 중 한 군데에서 문제가 생긴 것이다. 원문의 언어인 출발어의 맥락이 잘 옮겨지지 않았거나 독자가 이해하는 언어인 도착어의 맥락이 잘 반영되지 않았기 때문이다.

처가 식구들과 강원도 홍천으로 여름휴가를 다녀왔다. 처제네와 우리가 같은 방에 묵고 큰형님네가 다른 방에 묵었다. 이튿날 아침 아내가 저쪽 방에 가서 라면 좀 얻어 오라며 심부름을 시켰다. 고분고분한 남편인 나는 아내가 시킨 대로 라면을 네 봉지 얻어 왔다. 아내가 라면을 보더니 물었다. "김치는?" 아뿔싸, 섬세한 글쓰기 강사가 라면의 맥락을 놓치다니. 얼른 뛰어가서 김치를 얻어다 대령했다. 아내가 또 물었다. "밥은?"

버럭 화를 내 버린 나는 그날 아침을 건너뛰고 강가를 쓸쓸히 거닐었다. 배는 곯았지만 깨달은 바가 있다. 한국어 표현을 맥락에 맞게 섬세한 한국어로 번역하여 이해하는 일이 만만치 않구나, 하물며 외국어를 한국어로 옮기는 일이야 오죽하랴.

이 책의 주제는 공부하는 번역자가 되자는 것이다. 의사소통의 양편을 두루 살펴야 하는 고된 임무를 성실히 완수하려면 꾸준히 공부하는 길밖에 없다. 출발어의 맥락을 잘 파악하려면 배경지식을 꾸준히 쌓아야 하고, 도착어인 한국어의 맥락을 잘 파악하려면 독자의 처지나 조건에 맞게 한국어 표현을 섬세하게 발굴하고 구사할 줄 알아야 한다. 자, 한국어 공부를 시작해 보자.

1장 좋은 글 고르기

1. 주제가 명료한가

좋은 글은 주제가 뚜렷하다. 이것을 기준 삼아 대본의 처음 한두 쪽을 읽어 보면 더 검토할 만한 가치가 있는지 없는지 감을 잡을 수 있다. 좋지 않은 대본과 씨름하며 세월을 보내는 것만큼 괴로운 일도 드물다. 서툰 번역 실력을 자책하는 괴로움보다 괴상한 대본을 덥석 맡은 경솔함을 견디기가 몇 배는 힘들다. 그러니 좋은 대본을 고르는 일에 시간을 충분히 투자하라. 그럴 만한 가치가 있다.

좋은 글은 문제의식에 머물지 않고 주제를 잘 반영한다. 구상과 기획이 다르듯 문제의식과 주제도 다르다. 문제의식은 넓고 희미하지만 주제는 좁고 뚜렷하다. 언론 매체의 속보 기사가 문제의식을 반영한 글이라면 기획 기사는 주제를 표출한 글이다. 저자의 바람과 글의 목적이 주제에 집약돼 있다.

온라인 교양 강연 테드(Ted.com)에 사진 보정 전문가 베시 맨슨의 이야기가 있다. 패션모델의 사진을 받아 '뽀샵질'을 하는 게 베시의 주 업무다. 모델의 깡마른 팔다리와 허리를 더 깎아 내고 가슴과 엉덩이는 티 나지 않게 살짝 키운다. 베시는 자부심을 갖기 어려운 직업이라며 자기 일을 소개했다. 일본에 쓰나미가 닥쳤을 때 베시는 장기 휴가를 내고 훌쩍 봉사 활동을 떠났다. 고되게 노동하면서 직업과 삶의 의미를 돌아보기 위함이었다. 그리고 재해 복구 현장에서 진흙을 퍼내다가 망가진 가족사진 한 장을 발견했다. 직업은 못 속이는 법, 베시는 훼손된 사진을 가져다 깨끗이 세척하고 스캐너로 본을 떴다. 그리고 전문가답게 깨끗하게 복원하여 인화한 다음 주인에게 돌려주었다. 복원된 가족사진의 주인공들이 대피소에서 감격하여 울자 베시는 자기 직업이 처음으로 자랑스러웠다. 베시는 절망에 싸인 한 가족의 모습을 사진으로나마 보정하여 희망을 준 것이다. 베시와 같은 일을 하는 전 세계의 보정가들이 참여해 쓰나미로 엉망이 돼 버린 수많은 사진들을 깨끗하게 복원했다. 베시는 테드 강연에서 위기에 빠진 사람들에게 인류애를 발휘해야 한다고 촉구하지 않았다. 직업의 정신과 윤리에 대해 거창하게 연설하지도 않았다. 그저 자신이 잘할 수 있는 일을 실천하고 그 이야기를 소박하게 전했을 뿐이다. 그런데 그 작은 이야기 안에는 직업 정신과 인류애까지 담겼다. 주제가 담긴 이 강연의 제목은 다음과 같다.

(re)touching lives through photos

're'에 괄호를 치고 'touching'을 부각함으로써 읽는 사람에게 해석의 여지를 다양하게 열어 두었다. 글쓴이의 관점으로 읽으면 '사진으로 삶을 어루만지다', '사진으로 사람들을 감동시키다' 등으로 해석할 수 있고, 이재민의 관점으로 읽으면 쓰나미가 닥치기 전인 평온했던 삶과 '다시' 접촉한다는 뜻으로 해석할 수도 있다. 베시 맨슨의 직업이 '보정'(retouching)이라는 점을 떠올리니, 이 중의적인 제목이 더 근사해 보인다.

내가 맡고 있는 강좌의 수강생 가운데 노동연구원에서 일하는 분이 글쓰기 과제를 제출했는데 '똥배 겨루기'라는 제목이 흥미를 끌었다. 제목만으로는 글 내용을 짐작하기 어려웠지만 도대체 똥배를 겨루는 게 어떤 것이며, 또 왜 겨룬다는 건지 무척 궁금했다. 실상은 이랬다. 노동연구원에서 이분이 맡은 업무는 이주 노동자들의 근무 조건과 생활 실태를 조사하는 것인데, 그러다 보니 이주 노동자들과 밥도 자주 먹고 술도 한잔씩 하고 목욕탕에도 같이 간다는 것이다. 목욕탕 탈의실 거울 앞에서 이들은 누구 똥배가 더 많이 나왔는지 장난스럽게 비교해 본다고 한다. 이 연구원은 그저 술

좋아하고 운동을 안 해서 똥배가 나왔는데 이주 노동자들은 열악한 근무 조건 때문에 팔다리는 비쩍 마른 반면 똥배가 불룩하게 나온다고 한다. 점심시간이 따로 정해져 있지 않기 때문에 짬이 날 때 끼니를 급하게 해결하다 보니 폭식을 하게 되어 똥배가 나올 수밖에 없다. 이 글의 문제의식과 주제를 비교해 보자.

문제의식 이주 노동자의 근무 환경이 매우 열악하다.
주제 이주 노동자의 건강을 위협하는 불규칙한 식사 여건을 개선하자.

문제의식은 거창한데 주제는 소박하다. 사회를 조금씩 개선하는 힘은 이 소박한 주제에서 싹튼다.

문제의식 국민 누구나 쉽게 참여할 수 있는 사회 공헌 방법이 필요하다.
주제 커피 마시면서 적립한 포인트를 기부할 수 있게끔 만들자.

방송 프로그램에는 쉴 새 없이 자막이 흘러나온다. 틀린 표현도 무척 많다. 이 틀린 표현을 시청자가 본다. 방송의 영향력은 무지막지하기 때문에 시청자 뇌리에 이 표현이 저도 모르게 자리 잡는다. 여기까지가 문제의식이다. 주제를 도출해 보겠다. 표준어가 오염되고 망가진다는 문제의식을 꽉 움켜쥐어 정수를 남기고자 하면 문제를 일으키는 숙주를 찾아내야 한다. 그래야 여기에 기생하며 문제점을 퍼뜨리는 깃들까지 없앨 수 있다. 그러면 글의 목적도 뚜렷해진다. 표준어란 결국 방송 작가들이 지상파 예능 프로그램 자막에 두루 쓰는 현대 서울말의 수준과 엇비슷하지 않은가. 이제 주제가 도출됐다.

문제의식 방송 프로그램 자막이 우리말을 망치는구나.
주제 표준어를 오염시키지 않으려면 주말 예능 프로그램
자막부터 바로잡자.

문제의식이 바로 주제라도 되는 양 혼동하여 논지를 전개하면 곤란하다. 조지 레이코프는 『코끼리는 생각하지 마』(Don't think of an elephant!)에서 이 문제를 적절히 지적했다. 상대 진영을 헐뜯거나 반박하는 데 머물지 말고 새로운 개념틀을 짜고 제안하라는 것이다. 군사 독재 시절 한국의 여러 사회상을 사진으로 기록하며, 고속 경제 성장에 가려진 사회문제에 유독 관심을 기울였던 사진작가 구와바라 시세이는 자신의 촬영 주제를 한마디로 이렇게 정리했다.

나는 한국의 근대화와 경제 성장의 밑거름이 된 이들의
오열을 사진으로 남기고 싶었다.

—『촬영금지』, 눈빛, 2010년, 89쪽

추측이나 상상이 아니라 사실에서 주제를 도출하는 작품
을 눈여겨보아야 한다. 노고가 더 많이 들어가기 때문이다.
사실 정보에서 주제를 이끌어 내는 방식이란 가령 이런 것이
다. 나는 선수가 위기 상황에 어떻게 대처하는지 유심히 살
펴보기 위해 기량 좋은 투수가 선발 출전하는 야구 중계를
가끔 본다. 홈런을 맞는 일은 투수에게 숙명이지만 좋은 투
수는 홈런을 맞아도 흔들리지 않고 하던 대로 묵묵히 던진
다. 무사 만루가 됐을 때 욕심 안 부리고 2실점 정도로 틀어
막으면서 위기를 벗어난다. 그러면 타자들이 분발하여 점수
를 내고 경기를 뒤집기도 한다. 한 점도 안 주려고 욕심 부리
다 보면 대량으로 실점하며 와르르 무너져 버리고 그러면 타
자들도 맥이 턱 풀린다. 위기 관리 능력이란 미련 관리 능력
이나 욕심 관리 능력인 셈이다. 방금 나는 주제를 잡으려고
먼저 사실을 펼쳐 놓은 다음 거기에서 의견을 도출하는 방식
을 취했다.

문제의식을 잘 파악한 다음 범위를 좁히고 덜 중요한 사항
을 버리다 보면 주제라는 고갱이만 남는다. 그런데 더 중요
한 것과 덜 중요한 것을 판별하는 안목이 저자마다 다르기

때문에 똑같은 사실 정보를 두고도 주제를 달리 도출하기도 한다. 주제를 잘못 정한 사례를 하나 소개한다. 사회인 야구 경기에서 어떤 이가 쓰러졌다. 같은 팀 동료들이 어쩔 줄 모르고 허둥거리자 상대 팀 선수들이 일사불란하게 움직이더니 심폐 소생술을 시도했다. 쓰러진 이는 다행히 깨어났다. 상대 팀은 세브란스 병원 야구 동호회였다. 여기까지가 사실 정보다. 그런데 대부분 언론 매체에서, 세브란스 팀을 만난 게 얼마나 큰 행운이냐며 우스개를 곁들인 가벼운 미담으로 이 소식을 처리했다. 심폐 소생술은 누구든 평소에 익혀 두었다가 상황이 닥치면 활용할 수 있어야 하는 응급 처치인데, 기사 주제를 이렇게 도출해 버리면 독자의 뇌리에 자리 잡은 '심폐 소생술은 전문 의료인의 영역'이라는 고정 관념이 더 단단해질 것이다.

단순히 이야깃거리가 된다 하여 썩 중요하지 않은 부가 정보가 본질처럼 둔갑하는 사례가 적지 않다. 칸트를 매일 정해진 시각에 밥 먹고 정해진 시각에 산책한 철학자로 알고 그치면 안 되고, 루소를 자기 자식은 보육원에 보냈으면서도 이상적인 자녀 교육론을 쓴 이중인격자로 치부해선 안 되며, 다윈을 적자생존이라는 말을 전파한 냉혈한으로 이해하면 안 되는데, 그렇게 아는 사람들이 많은 건 독자의 문제라기보다 독자의 흥미를 끌려고 그런 방향으로 글의 주제를 잡은 저자와 그런 대본을 덥석 맡은 번역자 탓이다. 공부하는 번역자라면 좋은 대본을 고르는 데 깐깐한 태도를 보여야 하며, 안목을 섬세하게 발전시켜서 저자가 어떤 태도로 어떻게 주제를 도출하는지 잘 판별할 수 있어야 한다.

주제는 대상의 한계를 소상히 지적해 주려는 태도에서도 나온다. 토론이나 논설에서 어떤 대상을 비판하려면 그 대상이 지닌 한계를 뚜렷이 밝혀 드러내면 된다. 이것을 비난과 혼동하면 안 된다. 학술서나 논문은 대개 비판서다. 그래서 같은 주제에 관해 앞서 연구한 저작물을 쭉 검토하며 시작한다. 칸트는 인간의 앎이 지닌 능력 한계와 가능성을 규정하려고 『순수이성 비판』과 『실천이성 비판』을 지었다. 여기에 나온 비판이라는 말은 한계란 말과 뜻이 비슷하다. 『순수이성 비판』은 인간이 보고 들으며 아는 능력이 어디까지 미치는지 설명한 책이다. 『실천이성 비판』은 보고 들을 수 있는 능력을 넘어서려는 앎의 가능성과 한계를 규정한 책이다.

번역하며 뒤늦게 저자의 한계를 깨달았다면 한국어 독자를 위해 역자 해설이나 주석으로 지식을 보완해 주면 좋을 것이다. 저자와 번역자의 깜냥과 한계를 지적해 주는 건전한 비판 덕에 학문이 발전한다. 번역서를 읽다 오역을 발견하면 대단한 업적이라도 이룬 양 사방에 떠벌리기보다 번역자나 출판사에 이메일을 보내자. 그러면 다음 쇄에 수정 사항이 반영되며 다른 독자는 더 좋은 번역문을 읽는다. 아무도 마음에 상처를 입지 않으며 공동체 구성원에게 두루 유익하다.

자신이 속한 집단의 품격을 높이는 동업자 정신은 늘 유익하다. 건전한 비판이 깃든 동업자 정신이 없으면 공동체는 성숙하지 않는다.

몽테뉴 평전을 쓴 슈테판 츠바이크의 문체는 때로 너무 현학적이고 작위적이라 거부감을 일으킨다.

위 문장은 내가 예전에 블로그에 올렸던 것인데, 비판이라기보다 비난에 가깝다. 구체적인 정보가 빠져 있기 때문이다. 아래처럼 비판하면 어떨까.

슈테판 츠바이크는 몽테뉴 평전에서 몽테뉴가 평생 "나는 어떻게 살고 있나?" 하고 물을 뿐 "너는 이렇게 살아야 한다!"처럼 명령형을 쓴 적이 없다고 적었다. 그런데 그 말이 나온 다음 장에 몽테뉴의 명령형 문장이 인용돼 있다. "세상일에 신경 쓰지 마라. 네 안에서 구원할 수 있는 것을 구원하라. 너 자신을 잠가라. 너 자신의 세계를 세워라."

한계를 지적하면 생산적인 비판이 시작된다. 구체적으로 비판하면 자기 한계도 함께 노출하게 되므로 미처 생각하지 못한 점을 다른 사람이 다시 지적해 줄 수 있다.

몽테뉴가 명령형으로 쓴 문장의 독자는 자기 자신입니다.

　그러면 최초 비판자인 나는 창피하여 얼굴이 화끈거리겠
지만 깨닫지 못한 걸 알게 됐으니 고맙게 받아들이면 된다.
합리적으로 비판하자. 비판에 머물지 않고 더 나은 것을 찾
아 제안하는 글을 발견한다면 그 대본을 열심히 검토하자.
노고가 많이 들어갔을 것이다.

　당신이 얻고자 하는 지식을 담은 국내 저작물이 없으면 당
신이 하나 만들라. 아니면 당신이 하나 번역하라. 그러면 최
초로 만든 그 자료의 내용에 대해 사람들이 비판하거나 제안
할 것이며 당신이 속한 공동체의 지적 자산은 더 풍요로워질
것이다.

2. 출처가 정확한가

출처가 믿을 만한 대본은 대체로 원고 내용도 괜찮고 질도 높다. 수강생 과제물에서 이런 구절을 읽었다.

누가 말했는지 기억나지 않지만 인간은 보이는 세계에서 꿀을 따서 보이지 않는 세계의 벌집에 채우는 벌과 비슷하다.

나는 이렇게 첨삭했다. "출처를 찾아보면 독자에게 더 믿을 만한 정보를 줄 수 있습니다."

시인 라이너 마리아 릴케는 「두이노의 비가」에 이렇게 적었다. "우리는 보이지 않는 세계의 꿀벌이다./우리는 보이지 않는 세계에 둔 거대한 황금 벌집을 채우려고/보이는 세계에서 마구 꿀을 모은다." 여기서 보이지 않는 세계란 추상 세계이며, 보이는 세계는 우리가 사는 구체적인 시공간이다. 우리는 이 두 세계를 넘나드는 꿀벌들이다. 이상과 현실, 이론과 실천 사이를 오간다.

출처가 분명한 고급 정보에 접근하겠다고 마음먹고 차근차근 실천하면 누구든 성실한 번역자가 될 수 있다. 또 한 수강생은 아래처럼 적었다.

『엄마를 부탁해』 영어판을 읽은 외국인 친구가 중국 저자의 책인 줄 알았다고 하더군요. 효나 어머니에 대한 생각이 중국 문화를 연상시키는가 보다 했습니다.

위 문장처럼 추측하여 서술하기보다 사실을 확인한 다음 아래처럼 옮겨 적으면 글의 가치가 더 높아질 것이다.

신경숙의 소설 『엄마를 부탁해』 영어판을 읽은 미국인 친구가 중국 저자의 책인 줄 알았다고 하더군요. 왜 그러냐고 물었더니 얼마 전 읽은 중국 작가 차오원쉬엔의 『청동해바라기』를 연상시켰기 때문이랍니다.

나는 번역자들에게 주변에 흔한 문구를 보며 문장 오류를 찾아내는 습관을 들이라고 권한다. 그리고 그 문구가 어디에 붙어 있는 것인지 출처를 정확히 밝혀 적으라고 강조한다. 한 수강생이 문구 출처를 이렇게 적었다.

신목동역 2번 출구 앞 우체통

구체적으로 기록하려는 태도는 좋다. 그런데 서울 독자만 고려한 점이 아쉽다. 더 보편적으로 쓰려는 태도를 갖추고 실천하면 글은 조금 더 단단해질 것이다.

서울시 지하철 9호선 신목동역 2번 출구 앞 우체통

'지피지기 백전백승'의 출처는 무엇일까? 『손자병법』이다. 그런데 인용이 잘못됐다. 원문은 "지피지기 백전불태"이기 때문이다. 백 번 싸워 백 번 이긴다는 적극적 규정이 아니라 백 번을 싸워도 위태롭지 않을 거라는 소극적 규정이 원문의 의도이며 대전제에 걸맞다. 손자는 이 책에서 싸우지 않고 이기는 것이 최고 전술이라고 규정했으니 그 전제 아래에 딸린 세부 항목은 거기에 부합해야 조리가 맞다.

知彼知己 百戰不殆 (지피지기 백전불태)
不知彼而知己 一勝一負 (부지피이지기 일승일부)

不知彼不知己 每戰必殆 (부지피부지기 매전필태)

상대를 알고 자신도 알면 백 번 싸워도 위태롭지 않으나
상대를 알지 못한 채 자신만 알면 승패를 주고받을 것이며
상대도 모르고 자신도 모르면 싸움에서 반드시 위태롭다.

위 사례는 원뜻과 인용의 뜻이 크게 달라지지 않았기에 그
다지 위태롭진 않다. 원뜻과 다르게 소비되는 사례도 있다.
플라톤이 남겼다는 '명언' 한 구절이 블로그나 트위터, 게시
판에 끊임없이 돌고 도는 걸 보았다.

사랑하면 누구나 시인이 된다. ― 플라톤

사랑하면 누구든 연애편지 쓰느라 밤을 홀랑 새운다는 말
일까? 플라톤이 적은 건 맞지만 이 말을 한 사람은 따로 있
으며 로맨스 따위를 표현하는 맥락에서 나온 말도 아니다.
문화방송에서 2009년에 방영한 드라마 『선덕 여왕』에 이런
대사가 나온다.

"공주님, 세상은 종으로도 나뉘지만 횡으로도 나뉩니다. 세
상을 횡으로 나누면 딱 두 가지밖에 없습니다. 지배하는 자
와 지배당하는 자. 세상을 횡으로 나누면 공주님과 전 같은
편입니다."

이 말을 작가인 김영현이나 박상현이 했다고 적으면 안 된다. 고현정이 이요원에게 한 말이라고 적어도 안 된다. 첨성대를 짓겠다는 덕만 공주에게 미실이 건넨 말이라고 적어야 한다. "죽느냐 사느냐 그것이 문제로다"라고 말한 이는 셰익스피어가 아니라 햄릿이듯, "사랑하면 누구나 시인이 된다"는 플라톤이 아니라 대화편 『향연』(196e)에서 비극 경연 대회 우승자 아가톤이 펼치는 연설의 일부라고 밝히는 게 좋다. 그리고 거기서 말한 사랑은 연애라기보다 사랑을 포함한 모든 창조적 활동의 원천인 에로스를 뜻한다. 풍요와 결핍 사이에서 태어난 에로스는 무한한 것을 지향하는 유한한 존재인 인간의 본질을 상징한다.

플라톤의 저작을 인용할 때는 공통 규칙이 하나 있다. 1578년에 프랑스 사람 스테파누스가 여기저기 흩어진 플라톤의 저작을 모아 정리하고 교정한 다음 그리스어와 라틴어를 병기한 세 권짜리 전집을 펴냈다. 내용이 이어지든 말든 무조건 각 쪽의 첫 줄부터 아래로 10행씩 끊어 A, B, C, D, E 표기를 붙였는데 편집자 주석의 분량에 따라 본문 분량이 줄어들어 A, B, C만 있는 쪽도 있다. 327a는 327쪽의 A(1~10행) 단락을 가리키는데, 전집이 모두 세 권이라서 이것을 고유 번호로 쓸 수 없고 권수나 작품명을 아울러 표기해 주어야 하는 게 조금 아쉽다. 예를 들어 327a에 해당하는 작품은 세 개다.

『프로타고라스』327a

『국가』327a

『편지들』327a

이것이 스테파누스 쪽 번호(Stephanus Pagination)이며, 전 세계 모든 플라톤 연구자들이 이 표기 규칙을 지킨다. 스테파누스 쪽 번호의 다른 표현은 스테파누스 명료화 표기(Stephanus disambiguation)다. 내가 이야기하고 싶은 건 스테파누스가 아니라 이 말 '명료화'다. 다른 이의 저작물을 정리하면서 누가 보더라도 같은 자료를 쉽게 찾을 수 있게끔 하려고 모호한 요소를 제거했다는 점이 중요하다. 우리가 자료를 인용하거나 참조할 때도 이런 태도를 적용해야 한다. 출처를 철저히 밝혀 적은 자료는 미덥다. 출처가 저급하여 쓸데없이 오역을 일으키는 다른 사례를 보자.

인생은 짧고 예술은 길다. ─ 서양 격언

이 문장이 원뜻에서 벗어나 엉뚱하게 해석되는 까닭은 출처가 확인되지 않은 떠돌이 자료이기 때문이다. 얼핏 벨라스케스나 고흐의 그림, 모차르트나 베토벤의 음악을 떠올릴 수도 있을 텐데 원전은 이와 별 관계가 없다. 이 말은 서양 의학의 선구자 히포크라테스가 남긴 것이다. 고대 그리스어로 작성된 원문의 영어 번역 문장은 이렇다. "Art is long, life is short." 아트(art)라고 번역된 그리스어 단어는 테크네(technē)로서, '기술'이라는 뜻이다. 베토벤에게는 작곡 테크네가 있고 히포크라테스에겐 치료 테크네가 있다. 렘브란트가 저 말을 했다면 그건 미술의 맥락에서 나왔을 것이며, 가우디가 저렇게 말했다면 그건 정황상 건축술을 가리킬 것이다. 맥락이 중요하다. 이 문장의 본래 뜻은 주자의 문집에 나오는 구절인 "소년이로학난성"(少年易老學難成)의 뜻과 같다. 젊은이는 금세 늙어 가는데 학문을 이루기는 어렵다는 말이다. 여기에 적진 않았지만 히포크라테스가 남긴 저 문장 다음에 바로 의사란 단어도 나오므로 원뜻을 짐작하기 쉽다.

> 의술의 길은 먼데 인생은 짧도다.
> — 히포크라테스가 남긴 『잠언집』의 첫 문장

이번에는 무수한 사람들의 수다한 지껄임 속에 원뜻과 아예 반대로 떠도는 문장을 보자.

> 과거는 미래의 서막이다. — 셰익스피어

조상의 빛난 얼을 오늘에 되살려 역사의 새로운 지평을 열자며 지체 높은 양반들이 과시용으로 주로 쓰는 문장이다.

셰익스피어도 그런 의도로 말했을까? 그가 직접 한 말일까? 글로브 극장에서 『햄릿』 공연을 본 엘리자베스 1세를 영접하며 셰익스피어가 영국의 장밋빛 미래를 전망한 걸까? 이런 인용문이 저질 정보인 것은 이렇게 소모적인 추측에 번역자와 독자를 내맡기기 때문이다. 원문은 어디에 있을까? 희곡 『폭풍우』(The Tempest)에 그 구절이 나온다.

Whereof, what's past is prologue; what to come,
In yours and my discharge.

프로스페로는 밀라노의 공작이다. 동생 안토니오는 나폴리 왕 알론조와 작당해 프로스페로를 쫓아낸다. 12년이 흐른 뒤 안토니오가 이번엔 알론조의 동생을 꾀어 알론조를 제거해 버리자며 부추긴다. 제 버릇 남 못 주는 이 협잡꾼이 뱉은 말을 번역하면 다음과 같다.

지금까지는 서막에 불과하니 이제
경과 내가 나설 차례요.
—셰익스피어의 희곡 『폭풍우』 제2막 제1장 제294행에 나오는 안토니오의 대사

정치인이 원문의 맥락을 무시하고 근사한 말인 양 인용했

다가는 결국 같이 모반을 일으키자고 말하는 꼴이 되고 만다. 『국가』 7권에 나오는 소크라테스의 말을 인용하면 어떨까. "지금까지 말한 것은 본 악곡의 서곡에 불과하네." 나쁜 짓을 또 저지르려는 안토니오와 달리 소크라테스의 말은 더 좋은 것이 나온다는 걸 암시하기 때문이다. 맥락이 중요하다.

어느 공공 도서관 3층 종합 자료실 안내대에 이런 문구가 적혀 있었다.

독서는 완전한 인간을 만들고, 토론은 부드러운 사람을 만들고, 논술은 정확한 인간을 만든다.
— 프랜시스 베이컨

뭔가 이상했다. 1,500년 넘게 서구인의 사고를 지배한 아리스토텔레스의 사상을 면밀히 분석하고 근대인의 새로운 사고 체계를 궁리하는 데 평생을 바친 베이컨이 문장을 저렇게 뒤죽박죽 썼을까? 독서가 완전한 인간을 만든다면 독서만 하면 되지 토론이나 논술 따위가 무슨 소용이란 말인가. 관계와 균형이 맞지 않다. 독서의 중요성을 강조하려던 사서의 의욕 과잉에서 빚어진 실수 같다. 그런데 인용문에 출처가 없으니 단행본 서가를 앞에 두고도 이를 확인할 길이 없었다. 그래서 출처 표기가 중요하다.

인용의 목적은 독자에게 내용을 전달하는 게 아니라 인용자가 읽은 원문을 독자도 확인할 수 있게끔 돕는 일이다. 인용문은 인용자의 것이 아니기 때문이다. 옮긴이와 책 제목과 출판사와 쪽 번호를 알려 주어야 독자가 스스로 그 일을 할 수 있다. 출간 연도와 판본까지 표기하면 더 좋지만 생략해도 괜찮다. 틀린 것처럼 보이는 의심스러운 원문을 원문 그대로 고집스레 인용하는 것을 '전의'(傳疑)라고 한다. 인용자에게는 인용 원문의 오류를 지적할 자유는 있어도 그 오류를 고쳐서 인용문에 반영할 권리는 없다. 인용 방식과 순서는 사람이나 단체마다 그 표기법이 조금씩 다른데, 독자가 보기에 그 자료를 정확히 찾을 수 있게끔 표기하면 조금 다른 표기 형식은 별 문제가 되지 않을 것이다.

단행본 직접 인용 예

목표들은 서로 연결되어 있다. 목표들은 모두 하나의 궁극적 목적에 의존한다.

— 앙토냉 질베르 세르티양주(지음), 이재만(옮김),『공부하는 삶』, 유유, 2013년, 49쪽

단행본 간접 인용 예

윌리엄 암스트롱은『단단한 공부』62쪽에서 토머스 헉슬리의 말을 인용하며, 공부가 주는 최상의 효과는 좋든 싫든 해야 할 일을 하게 한다는 점임을 강조했다.

공중화장실 벽에 붙은 출처 모를 명언 나부랭이라든지 격언을 모은 책에서 고급 정보를 얻기를 바라는 사람은 없을 것이다. 그러나 교양 전파라는 사명을 띤 공공 도서관은 달라야 하지 않을까 하는 아쉬움이 들었다. 『수상록』의 한 장인 「학문에 관하여」에 나온 구절을 보건대 베이컨이 대충 쓴 것 같진 않다.

Reading maketh a full man, conference a ready man, and writing an exact man.
인간은 읽으면서 충실해지고, 듣고 말하면서 영리해지며, 쓰면서 철저해진다.

올바로 옮겨서 제대로 아는 것이 힘이다. 출처가 정확하지 않으면 그 일을 할 수 없다.

3. 근거가 충분한가

영어 문장에 '칸첸중가는 세계에서 가장 높은 산들 중 하나다' 같은 잘못된 최상급 표현이 자주 나온다. 한국어 문장에도 '이곳은 세계에서 가장 넓은 매장 가운데 하나입니다' 따위가 더러 보이는데 모두 잘못 쓴 표현이다. 세계에서 '가장' 높은 산은 해발 8,850미터인 에베레스트이며, 세계에서 '가장' 넓은 매장은 하나밖에 없다. 참고로, 에베레스트의 높이는 『내셔널 지오그래픽』 탐사 부서의 노고 덕에 8,848미터가 아니라 8,850미터라는 사실이 새로 증명되었다.

워렌 목사는 미국에서 가장 큰 교회 중의 하나를 설립한 인물이다.

건물 규모가 가장 큰 교회는 하나뿐이며 신도가 가장 많은 교회도 하나이므로 위 문장을 다음처럼 고쳐 써야 한다.

워렌 목사가 설립한 교회는 2013년 기준으로 미국에서
신도가 가장 많다.

이야기가 나온 김에 덧붙이자면 '2013년 현재'보다 '2013
년 기준'이라고 표현하는 게 더 낫다. 뜻을 더 잘 드러내기
때문이다. 현재는 현재를 가리킬 때만 쓰는 게 좋다.

좋은 글에는 판단이나 주장보다 근거가 많다. 다짐과 예
측은 적고 경험 사례는 많다. 단편적 해설이나 전망보다 믿
을 만한 구체적인 근거 자료가 드러나야 고급 정보다. '저명
한 경제학자 로이드 섀플리'라고 적힌 구절보다는 '게임 이
론을 분배론에 적용해 2012년 노벨상을 받은 경제학자 로이
드 섀플리'라고 적힌 구절이 정보로서 질이 더 높다. '위대한
철학자 소크라테스'라고 저자가 단정한 대본보다는 '늘 변하
는 시공간 안에 사는 인간에게 변치 않는 보편 가치를 일깨
운 철학자 소크라테스'라고 독자에게 근거를 보이는 대본의
질이 더 높다.

몇 달 전에 일본의 유명한 소설가 히가시노 게이고의 『마
구』라는 소설을 읽었다.

위 문장처럼 저자가 유명하다고 단정하기보다 근거를 들어 독자로 하여금 '유명하구나' 하고 판단을 내리게 하는 방식이 더 수준 높다.

> 영화로도 제작된 『용의자 X의 헌신』의 원작자이자 『비밀』로 일본 추리 작가 협회상을 받은 히가시노 게이고의 소설 『마구』를 몇 달 전에 읽었다.

형식이 각기 다른 여러 글 중에 아마도 독자가 가장 까다로운 건 자기 소개서일 텐데 그 깐깐한 독자인 인사 담당자의 마음을 움직이는 힘 역시 글쓰기의 기본 원칙과 다르지 않을 것이다.

> **좋은 자기 소개서** 과거 경험을 객관적으로 서술, 경험을 보여 주고 판단을 독자에게 맡김.
> **나쁜 자기 소개서** 미래 다짐을 주관적으로 서술, 완료한 판단을 독자에게 일방적으로 전달함.

예를 들어 자신이 적극적 성격을 지녔고 사교 능력이 뛰어나다고 적는 건 아무런 설득력을 지니지 못한다. 그런 건 자기 능력을 입증할 만한 근거가 아니기 때문이다. 판단 대신 경험을 적으면 된다.

저는 영어 회화에 자신 있습니다. (X)

2013년 평창 스페셜 올림픽에서 영어 통역 자원 봉사자
로 활동했습니다. (O)

독자를 설득하고자 한다는 점에서는 자기 소개서든 인문
학 에세이든 다 마찬가지다. 좋은 글은 근거가 충실하다.

한 수강생이 '~하고자'라는 말이 외국어 투인 것 같다며
내 견해를 물어보았다. 어떤 근거로 그렇게 판단하게 됐는지
되물었는데, 직장 상사가 그렇게 말했다고 한다. 직장 상사
가 올바로 지적했을 수도 있고 그렇지 않을 수도 있다. 여기
서 내가 강조하려는 건 직장 상사는 저 지식에 대한 믿을 만
한 근거가 될 수 없다는 점이다. 주변 사람이 아니라 전문가
나 문헌을 믿어라. 『훈민정음』 언해본에는 이런 구절이 있다.
"이런 까닭으로 어리석은 백성이 말하고자 하는 바가 있어
도". '~하고자'는 외국어 투가 아니라 예스러운 문어체 표현
이다.

근거가 풍부하다는 건 문장 안에 시간과 노고가 깃들었다
는 것과 비슷한 말이다.

다음 이야기는 동업자 정신에 관해 내가 정리한 것으로,
2007년에 출간한 『글쓰기 멘토링』에 실은 내용이다. 2007년
2월, 영국 프로 축구 칼링컵 결승전에서 첼시의 수비수 존 테
리가, 공을 걷어 내려던 아스널의 수비수 디아비의 발에 차

여 실신한 일이 있다. 첼시 의료진이 급박하게 경기장을 가로질러 달려왔는데 현장에 먼저 도착한 것은 첼시 의료진이 아니라 현장에 더 가까이 있던 아스널 의료진이었다. 존 테리는 다음 경기에 정상 출전했다. 여기에 시간을 조금 덧입혀 보겠다. 2012~2013 스페인 프로 축구 리그 36라운드에서 '라요 바예카노'와 'FC 바르셀로나'가 경기를 치렀다. 4대0으로 크게 앞선 상황에서 바르셀로나의 티아고 알칸타라가 한 골을 더 넣었다. 티아고가 흥에 겨워 동료 알베스와 함께 골문 앞에서 춤을 추자 주장 푸욜이 달려와 두 선수를 떼놓으며 나무랐다. 푸욜은 바예카노 홈 관중의 심정을 헤아린 것이다. 경기를 중계하던 아나운서는 푸욜의 모습을 보며 이렇게 덧붙였다. "참 멋있는 주장이군요." 경기가 끝나고 바르셀로나 감독과 티아고 선수는 바예카노 팬들에게 사과했다. 거창한 이야기는 아니지만 위 두 일화를 묶어서 완결된 글한 편으로 만들려면 적어도 6년이라는 시간이 필요하다.

들풀넷(http://deulpul.net)에 믿을 만한 대본의 모범이 되는 글이 실려 있다. 블로그 운영자는 2005년 2월에 쓴 글에서, 언론계에서 은어처럼 쓰이는 '곤조 저널리즘'이란 표현이 고집이나 뻗댐을 뜻하는 일본어 '곤조'에서 왔을 것이라고 추정했다. 그리고 2013년 1월 28일에 8년 전의 글을 바로잡는다며 새 글을 올렸다. 댓글에서 다른 이들과 의견을 주고받다가 미심쩍어 다시 조사해 보니 '곤조 저널리즘'이란 말은

1960년대에 나온 재즈 음반에서 비롯한 것인데, 여기저기서 잘못 퍼뜨린 말을 자신 역시 잘못 인용하고 추정했다며 실수를 인정했다. 그리고 8년 전에 올린 글을 다시 들춰내 내용을 바로잡았다. 훌륭한 글은 참신한 아이디어에서 나온다기보다, 근거를 제대로 제시하고자 8년 동안이나 마음에 담아 둔 성실한 태도에서 나오는 듯하다.

어떤 글을 읽으며 가늠해 보라. 이 글에는 과연 얼마나 오랜 시간의 켜가 쌓여 있는지. 어떤 글이든 시간과 노고가 들어가면 읽을 만한 가치도 깃든다. 온라인 강연 테드에 소개된 '한 번에 한 장의 사진으로 아빠와 딸의 유대감 만들기'는 다섯 살 난 딸과 미국 뉴욕 맨해튼에 갔다가 지나가는 사람에게 부탁하여 딸을 안고 있는 자기 모습을 사진으로 남긴 스티븐 아디스의 이야기다. 그는 우연하게도 이듬해 같은 장소에 딸과 함께 가게 되었고 작년 생각이 나서 딸을 안고 사진을 또 찍었다. 그다음 해에는 일부러 그곳에 찾아가 똑같은 모습으로 사진을 남겼다. 딸에게 값진 추억을 만들어 주고 싶었기 때문이다. 대학생이 된 딸은 아빠 품에 안긴 사진 15장을 보물처럼 간직하고 있다. 지극히 사소해 보이는 소재이지만 목적을 단순화하고 같은 일을 15년에 걸쳐 꾸준히 한 덕에 근사한 자료로 탈바꿈했다. 시간과 노력이 깃든 자료를 읽고 검토하자.

2008년 10월 26일, 문화방송의 『시사매거진 2580』에서 다룬 이야기 한 편을 소개한다. 전주에서 시계 도매업을 하다가 1998년 구제 금융 시기에 파산해 수억 원대 빚을 지게 된 이종룡 씨는 막막한 생각에 자살까지 생각했지만 금세 마음을 고쳐먹고 할 수 있는 만큼 조금씩 빚을 줄여 가겠다 결심한다. 그리고 바로 실천에 옮겼다. 자정쯤 목욕탕 청소 아르바이트를 끝낸 뒤 2시간 정도 쪽잠을 잔다. 일어나자마자 신문 배달을 하고 동트기 전 떡 배달 아르바이트를 한다. 날이 밝으면 학원 버스를 운전하는데, 이쪽 일터에서 저쪽 일터로 이동하면서 폐지와 고철을 수집한다. 떡 공장으로 돌아가 일을 하다가 저녁에는 군산까지 장거리 배달을 다녀온다. 쏟아지는 잠을 피하려고 갓길에 차를 세우고 트럭 지붕 위에 올라가 고함을 지른다. 목욕탕에 도착하면 자정이 되는데 청소를 끝낸 뒤 죽은 듯 잠에 빠져들고 어김없이 두 시간 후에 일어나 신문을 배달하러 나간다. 이렇게 여러 아르바이트를 하면서 이종룡 씨는 매달 4백만 원씩 빚을 갚았다. 1년 정도 지난 뒤 이 이야기가 채권단의 귀에 들어갔다. 무조건 갚을 테니 제발 믿어 달라 말하는 채무자만 만났던 은행 담당자들은 묵묵하고 성실하게 빚을 줄여 가는 이종룡 씨의 태도에 감동해 원금만 남긴 채 모든 이자를 탕감해 주었다. 이종룡 씨는 몇 년 뒤 어느 날 마지막 빚 1백만 원을 송금하고 나서 은행 문을 나오며 펑펑 울었다. 나는 이 이야기를 보면서 이러한 태도가 글쓰기나 번역에도 스며든다면 어떨까 생각해 보왔다. 다짐하거나 뻗대지 않고 묵묵히 근거를 마련하여 보여 주는 그런 글은 무척 단단하고 훌륭하리라.

4. 책임이 분명한가

책임감이 부족한 저자들이 자주 쓰는 표현이 있다. '사실, 솔직히 말해서, 개인적으로, 나름대로, 아마도, 아무튼.' 이와 같은 말이 자주 보이면 그 대본은 더 검토하지 않아도 된다. 글을 정직하게 쓰면 명사로만 써야 할 '사실'을 궁색하게 결백을 드러내는 꾸밈말인 부사로 쓰지 않아도 되고 '솔직히 말해서' 따위 표현을 사용할 필요도 없다. 어디서든 한결같은 사람은 '개인적으로, 나름대로'를 쓸 이유도 없으며, 독자를 차근차근 조리 있게 납득시키려는 저자는 '아마도, 아무튼'을 삼간다. 책임감 있고 성실하게 쓰는 저자는 스스로 감당할 수 있는 만큼만 정직하게 쓴다. 이론적으로 해설하여 독자를 설득하기보다 실천적으로 보여 줌으로써 독자와 공감하려고 애쓴다. 그래서 자신이 감당할 수 있는 이야기만 쓴다.

오랫동안 피우던 담배를 어제 끊었다며 트위터나 블로그에 글을 올리는 사람들이 있다. 나는 대체로 그들을 믿지 않는다. 곧 다시 피울 확률이 높다. 담배를 안 피운 지 1년이 됐다고 글을 올리는 사람도 있다. 나는 대체로 그를 믿는다. 다시 피울 확률이 낮다. 1일치 근거와 1년치 근거의 설득력 차이란 그런 것이다. 글쓰기 강좌의 한 수강생이 「현미밥을 먹읍시다」라는 짤막한 칼럼을 썼다. 평소 백미밥만 먹고 육식을 무척 좋아하는 '돼지 부부'라고 자신과 남편을 소개하며 첫 단락을 전개했다. 살도 빼고 더 건강해지기 위해 현미밥을 먹고 채식 중심 식단으로 바꾸자고 권하며 글을 마무리했다. 착상도 흥미롭고 문장 전개도 나쁘지 않았지만 나는 첨삭 의견에 평가를 좋게 적지 않았다. 그 대신 이렇게 권했다.

"6개월 뒤에 이 글의 속편격인 「돼지 부부가 달라졌어요」를 쓰십시오. 그러면 그 글을 읽고 다른 사람들도 따라할 것입니다."

근거 없이 이론에 머문 글 환경 보존을 위해 1회용품 사용을 자제합시다.

실천을 근거로 삼은 글 나는 6개월간 1회용 컵을 사용하지 않았다.

근거 없이 이론에 머문 글의 제목 중국산 제품 의존도 낮추기

실천을 근거로 삼은 글의 제목 '메이드 인 차이나' 없이 1주
일 살기

전칭 판단은 구체적인 현상을 보고 보편성을 이끌어 낸 다
음 이것을 모든 인간과 모든 사태에 적용해 보려는 대담한
시도인데, 충분한 근거 없이 전칭 표현을 쓰면 자칫 실없는
글이 되기 쉽다. '인간'이라는 주어와 '~기 마련이다'라는 술
어와 '항상', '어디서나', '무엇이든' 같은 부사어를 선뜻 쓰기
란 쉽지 않다. 감당할 수 있으면 당당하게 쓰고 그렇지 않으
면 자기 얘기만 쓰자.

　　모든 이야기가 그러하겠으나 특히 추리 소설을 읽을 때
　　는 등장인물의 이름이나 지명에 대한 정확한 이해가 있
　　어야 한다.

위 문장의 '모든'은 글쓴이가 감당하지 못할 표현이다.

　　→ 이야기의 큰 흐름만 따라가도 무방한 보통 소설과 달
　　리 추리 소설을 읽을 때는 인명이나 지명을 정확히 이해
　　하고 넘어가야 한다.
　　→ 추리 소설을 제대로 읽으려면 등장하는 인물이나 장
　　소 이름을 정확하게 파악해 두어야 한다.

다른 사람들도 그러하리라 추측하지 말고 자기 이야기만 쓰면 아무 문제가 일어나지 않는다.

다음 문장은 의도와 달리 매우 건방진 태도로 사태를 단정해 버렸다.

다 마찬가지일 거예요. 글을 쓸 때는 컴퓨터를 먼저 켜겠죠.

자신이 온전히 감당하지 못할 '다 마찬가지'라는 표현을 썼다. 나를 포함해 만년필로 종이에 글을 쓰는 사람도 많다. 나도 글을 쓸 때 컴퓨터를 이용하지만 초고는 종이에 쓴다. 그다음 수정 작업도 종이에 하며 어느 정도 됐다 싶어야 컴퓨터로 작업한다. 그러니 저 문장을 다음처럼 고쳐 써야 옳다.

저는 글을 쓸 때 컴퓨터를 먼저 켭니다.

컴퓨터 글쓰기 이야기가 나온 김에 잠시 샛길로 빠지겠다. 컴퓨터로 초고를 쓰면 안 좋은 점이 하나 있는데, 잘못 쓰거나 어색한 구절이 쉽게 눈에 띄지 않는다는 점이다. 컴퓨터로 쓴 초고를 인쇄해 보면 원고가 아주 깔끔해 보이기 때문에 고쳐야 할 부분을 찾기가 더 어렵다. 작가 롤프-베른하르트 에시히도 이 점을 지적했다.

컴퓨터의 문제점이라면, 원고 전체가 말끔하고 완벽하게
금방 인쇄되어 나온 완성품처럼 보인다는 점 … 심지어
아주 엉망진창인 내용도 컴퓨터로 작성하고 나면 흠 하
나 없다는 것처럼 시치미를 떼고 있다!

— 롤프-베른하르트 에시히(지음), 배수아(옮김), 『글쓰기의 기쁨』, 주
니어김영사, 2010년, 176쪽

종이에 초고를 쓰면 더 좋지만, 영 어색하다면 컴퓨터로
초고를 작성하되 교정할 때는 인쇄한 원고를 큰 소리로 읽어
보면 좋겠다. 그러면 어색한 구절이 드러난다. 녹음하여 들
어 보면 더 좋다. 자기 목소리를 녹음해서 들어 본 사람은 알
테지만 남의 목소리처럼 무척 어색하게 들린다. 마치 제3자
가 읽는 글을 들으며 객관적으로 검토하는 셈이 되므로 부자
연스러운 구절을 더 쉽게 찾아낼 수 있어 좋다.

다시 원래 가던 길로 돌아와, 주제넘은 태도로 작성된 다
른 문장을 검토해 보자.

인간이 가장 관심을 갖고 있는 주제는 무엇일까? 그것은
행복, 신뢰, 통합일 것이다.

오랜 시간에 걸쳐 충분히 연구하지 않고, 추측만으로 전칭
판단을 내리면 안 된다. 다음 문장처럼 책임질 수 있을 만큼

만 써야 한다.

나는 인간의 행복과 신뢰, 통합에 관심이 많다.

누구나 그럴 거라고 뭉뚱그려 추측하지 말고 1인칭 시점으로 간결하고 당당하게 쓰는 편이 좋다.

누구에게나 인생의 지침으로 삼는 책이 있다.

인생의 지침으로 삼는 책이 없어도 바흐의 음악이나 밀레의 그림을 등불처럼 가슴에 품고 아름답게 살아가는 사람도 있을 것이다. 그런 사람들에게 저 문장은 헛소리다. 글의 주제를 잘 전달하는 쉬운 방법은 책임질 수 있는 이야기를 자기 시점으로 말하는 일이다. 다음 문장처럼 고치면 어떨까?

허먼 멜빌이 지은 『모비 딕』이 내 삶의 지침이다.

아는 만큼 자기 이야기를 반듯하게 펼쳐 놓으면 공동체라는 더 넓은 맥락 안에서 조화로운 연관이 드러날 것이다. 특수 없는 보편은 없고 보편 없는 특수도 드물기 때문이다. 나를 우리라고 확장하는 일은 늦출수록 좋다. 허먼 멜빌은 이슈메일의 입을 빌려 이렇게 말했다. "포경선이 내 예일이며 하버드다." 단테는 『신곡』에 '인생을 반 정도 살면 누구나 암울한 상황에 처할 때가 있다'고 적지 않고 이렇게 적었다. "인생의 반고비에서 나는 어두운 숲 속을 헤매고 있었다."[1] 인칭은 힘이 세다. 직접 겪은 일이기 때문이다. 그렇게 자기 문장을 온전히 책임지는 일이 독자에 대한 봉사다. 감당할 수 있는 1인칭 관점에서 시작하여 점차 외연을 확대하는 태도가 좋다. 무척 높은 글쓰기 단계에 오른, 전칭 판단의 모범 사례를 아래에 인용한다.

> 작가 에밀 졸라는 19세기에 『루공 마카르』라는 20권짜리 연작 소설을 썼다. 그중에서 한 권은 제목이 『제르미날』로, 프랑스 북부 광산 노동자들의 일상을 테마로 한 것이다. 직접 그곳으로 가서 자세히 관찰하고 광산 노동자들과 만나 대화도 나누었다. 그들과 함께 싸늘하고 축축한 지하 갱도 깊은 곳까지 내려가 보기도 했다. 그렇게 몇 달 동안 곤궁하고 고단한 광부들의 삶을 체험했으며, 그들이 노예나 동물처럼 대우받는 광경도 목격했다. 소설 『인간 안의 짐승』을 쓸 때도 철도 노동자들의 일상을 그런 식으로 조사했다. 그는 항상 그렇게 글을 썼다.
>
> —『글쓰기의 기쁨』, 145쪽

저 마지막 문장에 빛나고 있는 단어 '항상'에 깃든 저자의 노고 어린 당당함을 보라. 저 행간에는 에밀 졸라를 철저히 연구했다는 자신감이 겸손하게 생략돼 있다. 자신을 감화시킨 작가를 향해 보내는 최고 찬사는 그가 가르쳐 준 대로 그저 쓰고 실천하는 일이라는 점을 몸소 증명했다.

겸손하고 성실한 작가는 '가장 뛰어난', '가장 효과적인', '가장 훌륭한' 같은 최상급 표현을 아껴 둔다. 이 표현을 아무 데나 써 버리면 전칭 표현과 마찬가지로 정작 써야 할 때 효과를 거두지 못하기 때문이다. '금세기 최고의 순간'이나 '내 생애 최고의 작품'이라고 호들갑 떨며 작품 평을 쓰는 사람은 얼마 지나지 않아 최고 순위를 헌신짝처럼 쉽게 갈아치운다. 최상급 표현에는 책임이 뒤따른다. 아래처럼 선언했다가 공부하면서 그게 아니라는 사실을 깨달으면 얼마나 창피할까.

누가 뭐래도 최고의 현대 철학자는 들뢰즈다.

괴테가 중세 우화를 차용하여 지은 시 「마법사의 제자」는 자신이 돌아오기 전까지 물통에 물을 가득 채워 놓으라는 스승의 지시를 받은 제자가 평소 어깨너머로 어설프게 선행 학습한 마법으로 빗자루에게 물동이 나르는 일을 시켰다가 멈추는 법을 몰라 집을 온통 물바다로 만들었다는 이야기다. 카를 마르크스는 『공산당 선언』에서 자본주의를 탄생시킨 부르주아지를 '주문으로 불러낸 지하의 힘을 더 이상 주체할 수 없게 된 얼치기 마법사'에 빗댔다. 「마법사의 제자」가 말한 주제를 그대로 본떴다. 이 이야기에는 마르크스가 말하고자 한 부르주아지와 자본주의의 문제를 포함해, 책임지지 못할 일을 벌이는 모든 사례에 적용할 수 있는 보편 상징이 깃들어 있다.

『오이디푸스 왕』은 생의 막바지에 이르기 전까지는 삶이 행복했노라고 단언하지 말라는 원로들(코러스)의 경종으로 종결된다. 공부하는 번역자는 지식과 지혜가 계속 성장하고 깊어지므로 최상급 표현을 써서 개념을 판단하면 나중에 자기 글에 발목 잡힐 수 있으니 조심해야 한다. 최고라고 엄지손가락을 치켜드는 일은 저자가 아니라 독자가 할 때 훨씬 근사하다. 저자는 최고라는 표현을 쓰지 않고서도 독자가 최고 수준이라고 여길 만한 근거를 보여 주고자 애써야 한다. 최상급 옆에는 느낌표란 놈이 늘 졸졸 따라붙는데, 느낌표를 쓰지 않고서 독자에게 감탄을 전달할 표현법이 없는지 궁리해 보면 문장 연습에 도움이 많이 된다. 나는 느낌표를 안 쓴 지 몇 년 됐다. 처음엔 연습 삼아 안 썼는데 이제 안 쓰는 게 더 자연스럽다. 느낌표를 문장에 찍으려 하지 말고 독자 가슴속에 찍자.

지금까지 언급한 좋은 글의 네 조건인 명확한 주제와 정확한 출처 그리고 충분한 근거와 책임감 등을 두루 충족하는 대본을 찾으려 노력해야 한다. 좋은 대본을 만났다면 험난한 번역의 여정도 견뎌 낼 수 있다. 번역을 완수했을 때의 보람도 클 것이기 때문이다. 예수는 우리에게 좁은 문으로 들어가라고 권유하고 촉구한다. 멸망으로 인도하는 문은 크고 넓어서 많은 이들이 그리로 가지만 생명과 구원으로 인도하는 문은 작고 좁아서 가는 이가 적다. 나는 이렇게 해석해 보았다. 번역과 글쓰기와 의사소통 전반을 통틀어 우리는 언제나 좁은 문으로 가야 한다. "나쁨은 쉽게 취할 수 있지만 훌륭함을 얻는 길은 멀고 가파르다"라고 말한 소크라테스와 그 말을 그대로 옮겨 적은 플라톤의 의도도 그러하다. 많은 사람들을 좇아 틀린 표현을 속 편하게 쓰면 그는 넓은 문으로 향하는 번역자다. 많은 사람들이 자주 쓰더라도 틀린 건 틀린 것이며 귀찮고 불편하더라도 이를 극복하며 자신부터 제대로 쓰겠노라 결심하고 실천한다면 그는 좁은 문으로 가는 번역자다.

2장 용어 다루기

1. 비슷한 용어 구별

글을 쓸 때는 퇴고 과정이 있으니까 실수를 줄일 수 있는데, 말할 때는 생각과 달리 틀린 표현을 자주 내뱉게 된다. '빨리'와 '일찍'을 혼동하는 것도 그중 하나다. 평소보다 집에서 이른 시간에 출발하여 강의 시작 1시간 전에 도착했으면 '일찍' 온 건데 '빨리' 왔다고 말한 적이 더러 있다. 평소보다 집에서 무척 늦게 출발했는데도 길이 안 막혀 쌩쌩 달려와 강의 시작 바로 전에 도착했다면 '빨리' 온 거다. 오래전 글을 보니 팔목이 '가늘다'고 써야 할 자리에 '얇다'고 쓴 적도 있다. 허벅지가 '굵다'고 써야 하는데 주변에서 그렇게 쓴다고 하여 '두껍다'고 쓰면 안 된다. 귀에 더 익었다고 하여 의심하지 않고 써 버리는 건, 전문가로 올라서는 걸 포기하고 아마추어 번역자로 눌러앉겠다고 선언하는 꼴이다. 그런 태도가 몸에 배면 아래 문장처럼 번역해 놓고도 어디가 잘못됐는지 쉽게 찾아내기 어려울 것이다.

> 사내는 편지에 미안하다는 말만 주구장창 써 댔다. 이대
> 로 악몽에서 깨기를 간절히 바랬다.

밤낮없이 이어진다는 뜻을 표현하려면 '주야장천'으로 고
쳐 써야 하고, '바랬다'가 아니라 '바라다'의 과거형인 '바랐
다'를 써야 한다.

> 사내는 편지에 미안하다는 말만 주야장천 써 댔다. 이대
> 로 악몽에서 깨기를 간절히 바랐다.

"~하기 쉽상이다"라고 적은 번역 문장을 본 적이 있는데,
이는 "~하기 쉽다"라고 쓰든가 "~하기 십상이다"라고 써야
맞다. '쉽상'이란 말은 없다. '야단법석'이란 말은 있어도 '난
리법석'이란 말은 없다.

수강생 과제를 첨삭하며 나는 비슷해 보이는 말인 '또, 또
는, 또한'을 잘 구별하라고 자주 지적한다.

> 또=거듭하여(또 너와 만났구나.)
> 또는=그렇지 않으면(나 또는 네가 그곳에 가야 한다.)
> 또한=역시(나 또한 그렇게 생각한다.)

부사인 '또한'은 주로 명사 뒤에 의존 명사처럼 쓰여 앞말을 제약하므로 문장 처음에 오면 무척 어색하다.

> 또한 '최첨단'이라는 말을 쓰지 말자. (X)
> '최첨단'이라는 말도 쓰지 말자. (O)
> '최첨단'이라는 말 또한 쓰지 말자. (O)

아래도 많은 이들이 혼동하는 사례다.

> 그 사람 참 똑똑하대.(똑똑하다고 해)
> 그 사람 참 똑똑하데.(똑똑하더라)

일상 표현이든 개념어든 번역자는 모든 용어에 늘 민감하게 반응해야 한다. 비슷해 보이기는 하지만 엄연히 다른 것을 가리켜 '사이비'(似而非)라고 일컫는데, 비슷해 보이는 것에 속지 않고 개념을 정확히 구별해 내는 일은 번역자에게 필수 덕목이다. 사이비에 속지 않는 두 가지 방법이 있다. 첫째, 보편 상식에 어긋나면 의심할 것. 둘째, 그렇다고 그 상식을 맹신하지는 말 것.

표기하는 명칭은 같은데 맥락에 따라 뜻이 다른 용어가 있다. 이 용어는 국어사전만 찾아서는 구별하기 어렵고 해당 분야의 전문 문헌을 참조해야 한다. 그렇다고 해서 전문 지

식이 있어야 그런 용어를 판별해 낼 수 있는 건 아니다. 맥락
상 뭔가 부자연스럽거나 미심쩍을 때 그냥 지나치지 말고 자
료를 찾아보는 성실함만 갖추면 된다. 김유정의 소설 「동백
꽃」 한 대목을 보자.

> 한창 피어 흐드러진 노란 동백꽃 속으로 폭 파묻혀 버렸
> 다. 알싸한, 그리고 향긋한 그 냄새에…

상식을 갖춘 독자라면 노란 동백꽃과 알싸한 냄새를 의심
해 봄직하다. 우리가 아는 동백꽃은 주로 붉으며 향이 알싸
하지도 않다. 이 작품의 배경인 강원도 산골 마을에서는 동
백을 찾기 어렵다. 그렇지만 노란 꽃을 틔우고 알싸하게 향
긋한 냄새를 피우는 나무는 흔하다. 상식을 갖춘 강원도 어
르신들에게 저게 뭐냐고 물어보면 하나같이 생강나무를 가
리킬 것이다. 「소양강 처녀」와 「강원도 아리랑」에도 나오듯
그들은 생강나무를 산동백이나 개동백 또는 그냥 동백이라
고 부른다. 김유정의 유고 소설집인 『동백꽃』(1938) 표지엔
안타깝게도 따뜻한 남쪽 나라에 많이 피는 붉은 동백이 등장
했다.

일제 강점기 때 활동한 가수 백난아(1923~1992)가 부른 「찔
레꽃」의 한 대목을 보며, 상식에 근거를 두고 한번 의심해 보
라.

찔레꽃 붉게 피는 남쪽 나라 내 고향

— 김영일(작사), 김교성(작곡)

상식을 두루 갖춘 독자여, 붉은 찔레꽃이 의심스럽지 않은
가. 찔레꽃은 희다. 붉은 찔레꽃도 있으나 식물도감에나 나
오지 쉽게 찾기는 어렵다. 이런 의심에서 시작해 자료를 조
사하다 보면 전라남도나 제주도 같은 남쪽 지방에서 해당화
를 찔레라고 부른다는 사실을 발견할 것이다. 두 꽃은 생김
새도 비슷하다. 해당화가 곱게 핀 바닷가 마을을 떠올리며
감상하면 원문의 맥락에 더 가까이 다가설 수 있으리라. 찔
레꽃 노랫말 내용을 고증하자는 게 아니라 자료를 조사할 때
왠지 미심쩍거나 상식에 어긋나는 용어를 만나면, 설사 아주
친숙하더라도 가던 길을 멈추고 원래 맥락이 뭔지 파헤쳐 보
아야 한다는 말이다.

정지용이 지은 시 「향수」에 이런 구절이 있다.

얼룩백이 황소가

해설피 금빛 게으른 울음을 우는 곳

그곳이 차마 꿈엔들 잊힐 리야

상식적으로 보면 '얼룩백이 황소'가 좀 어색하지 않은가?
'황소'라는 단어를 보고 '누런 소'라고 여기는 상식적 판단으

로는 '얼룩백이 황소'를 설명할 길이 없다. 얼룩백이 황소는 과연 어떤 모습일까? 엄마소가 얼룩소면 얼룩소일 텐데 황소는 또 뭐란 말인가. 눈과 귀에 익었다 하여 그게 정확한 표현이라는 보장은 어디에도 없다. 『용비어천가』에도 나오듯 황소(한쇼)는 누런 소가 아니라 큰 소를 가리킨다. 누럴 수도 있고 꺼멀 수도 있으며 얼룩배기 칡소일 수도 있다. 접두사인 '황'이나 '한'은 뒷말에 크다는 뜻을 부여한다. 황새는 누런 새가 아니라 큰 새를 가리키고 한숨은 큰 숨, 한강은 큰 강이다. 한밭을 한자로 대전(大田)이라고 표기한 것도 그 때문이다. 크다는 뜻을 지닌 접두사에 '말'도 있다. 말벌이나 말매미가 그 예다. 어원에 민감하게 반응하는 태도는 번역자에게 늘 유익하다.

콘셉트(concept)를 '개념'이라고 똑같이 옮기는 영어 번역자라 하더라도 '하나로'(con)와 '붙잡는다'(cept)는 말이 합쳐졌다는 사실을 아는 사람과 아예 무관심한 사람은 본문 번역뿐 아니라 해설을 덧붙일 때도 그 수준차가 미묘하게 드러날 것이다. 파놉티콘(pan+opticon, 한눈에 모두 보다)과 파노라마(pan+orama, 모든 광경)가 모두 같은 어원인 'pan'을 지녔다는 사실을 아는 번역자는 그 말이 들어간 다른 단어인 판테온(pan+theon, 모든 신)의 원뜻을 짐작하기도 더 쉬울 것이다.

어원에 민감하게 반응하고 본래 뜻에 더 가까이 다가가면 불필요한 오해나 단어 오용을 줄일 수 있다. 강아지를 좋아하거나 개를 오래 키워 본 사람은 개새끼라는 욕에 대해 무척 불쾌한 느낌을 품을 것이다. 애먼 강아지가 무슨 죄란 말인가. 어떤 용어를 쓰면서 뭔가 불편하거나 미흡하다는 생각이 들면 어원을 찾아보라. 욕할 때 붙이는 '개'는 강아지와 무관한 접두사일 뿐이다. 비옥하지 않아 어떤 작물도 재배할 수 없는 흙인 뻘을 옛사람들은 개흙이라고 불렀는데, 이것이 다른 단어에도 붙으며 '거친, 척박한, 다듬지 않은'이란 개념으로 확장되었다. 작고 보잘것없는 것을 가리키기도 하며 나쁘거나 가짜라는 뜻도 여기서 파생됐다. 개나리, 개살구, 개기름이 그런 말이다. 개눈은 의안을 일컫는 속된 말이고 개자식은 주워 온 자식이라는 뜻에서 나온 말이다.

비슷하게 들린다고 하여 뜻을 대강 짐작하면 안 된다. 명태알로 만든 젓갈은 '명란젓'이지만 명태 창자로 담근 젓갈은 '창란젓'이 아니라 '창난젓'이다. 알 '란' 자를 쓰겠거니 단정하면 안 된다. '옥석구분'은 옥과 돌을 가려낸다는 말이 아니라 옥이든 돌이든 '모두 불에 타 버린다'(俱焚)는 뜻이다. "그러다 골로 가는 수가 있어" 하는 말에서 '골'을 '골짜기'라고 추측하면 안 된다. 여기서 '골'은 '관'(棺)과 동의어인 고유어로, 그러다가 죽는 수가 있다는 말이다. "하룻강아지 범 무서운 줄 모른다"라는 속담에서 하룻강아지는 발음이 비슷한 하릅강아지를 잘못 쓴 말이다. 하릅은 1년을 뜻한다. 한 살배기 하릅강아지는 제법 개의 골격을 갖추었지만 여전히 미숙하기에 겁 없이 날뛰면 안 된다. 사전만 찾아보면 쉽게 구별할 수 있는 말이다. 표준국어대사전에 나온 '하룻강아지' 설명을 보면 '하룻'에서 온 말이란 것을 알 수 있다.

하룻-강아지 [명사]

1) 난 지 얼마 안 되는 어린 강아지.

2) 사회적 경험이 적고 얕은 지식만을 가진 어린 사람을 놀림조로 이르는 말.

[하룻강아지←하룻+강아지]

비슷한 글자가 들어가지만 엄연히 뜻이 다른 말들이 있다. 퍼센티지는 '백분율'이란 뜻이고, 퍼센트는 그 비율을 수치로 구현한 것을 가리키며, 퍼센트포인트는 퍼센트의 증감을 표현한 수치다. 금리가 5퍼센트에서 6퍼센트로 오르면 늘어난 폭이 20퍼센트가 되는데 그렇게 말하면 의미 혼란을 유발할 수 있으므로 1퍼센트포인트 증가했다고 표현하는 게 낫다. 뜻의 차이는 사전을 찾아보면 되는데, 용어의 개념 차이를 구별하려면 실제 예를 들어 보는 게 좋다. 스스로 예시 문장을 작성하거나 다른 사람을 가르치듯 말로 설명해 보라. 아래 설명에 한자를 일부러 병기하지 않았다. 한글 표기 차이만으로 개념 차이를 드러내면 그것이 더 좋은 번역이기 때문이다.

결제: 비용을 지불하거나 충당함. '경제'의 '제'를 떠올릴 것.

신용카드 대금을 결제했다.

결재: 일을 확인하고 동의함. '재단사'의 '재'를 떠올릴 것.

기획서 내용을 검토한 뒤 결재했다.

지향: 어떤 방향으로 나아감.

나는 공부하는 번역자가 되기를 지향한다.

지양: 더 높은 단계로 올라가려고 현재 상태를 버림.

소크라테스는 상대가 자기모순을 스스로 지양하도록 대화를 이끈다.

구별: 두 대상의 차이를 앎.

'다르다'와 '틀리다'를 구별하여 쓰자.

구분: 어떤 기준에 따라 대상을 가름.

수강생들을 영어 번역자와 기타 언어 번역자로 구분했다.

분류: 여러 대상을 같은 종류끼리 묶어서 나눔.

인간과 코끼리와 고래는 모두 포유류로 분류된다.

기호: 정치 공동체의 규약, 지시하는 뜻이 단순하고 구체적임.

빨강 신호등은 서시오, 십자가 표시는 약국이나 병원을 나타내는 기호다.

상징: 관습이 만든 은유적 의미, 지시하는 뜻이 다양하고 추상적임.

빨강은 정열과 희생, 십자가는 예수의 신성이나 사랑을 상징한다.

반어(아이러니): 보편적 판단에 어긋나거나 의도한 것과 반대 상황을 초래함.

— 나 보기가 역겨워 가실 때에는 죽어도 아니 눈물 흘리우리다.

— 독립운동가 후손은 가난하게 숨죽여 살고 부일파 후손은 호의호식하며 떵떵거리는 역사 전개의 아이러니.

— 법가 사상가로서 죄인의 사지를 찢어 죽이는 잔인한 형벌인 거열형을 창시한 공손앙은 나중에 거열형에 처해지게 된다.

역설(패러독스): 모순되는 상황에서 새로운 뜻이 나옴.

— 동지들 사이에서는 져 주는 게 이기는 길이다.

— 천천히 읽는 것이 빨리 읽는 첩경이라는 공부의 역설.

— 자신의 논리도 참이고 상대의 논리도 참일 수 있다는 가능성을 동시에 인정하는 역설적 사고를 지녀야 변증법적 지양이 일어난다.

반어와 역설은 교집합처럼 더러 그 뜻이 겹친다. 원문에 '아이러니'라고 나와도 정황상 '역설'이라고 옮겨야 할 때도 있다. 개념을 개념으로 이해하려고만 하지 말고 항상 예를 들어 납득하는 습관을 들이는 게 좋다. 예를 들어 설명할 수 없다면 아직 이해하지 못한 거나 다름없다. 추상적인 용어를 만나면 한국어로 번역을 확정하기 전에 자문하라. '예를 들면?'

2. 잘못 쓰는 말 분석

'스마일'(smile)을 '미소'라는 한국어로 옮기면 문제가 생긴다. 'big smile'을 옮길 수 없다. 미소(微笑)는 작은 웃음이라는 뜻이어서 '큰 작은 웃음'이 되기 때문이다. 미소는 활짝 지을 수 없고 그저 살짝 지을 수 있을 뿐이다. 그러니 스마일을 기계적으로 미소라고 옮기면 안 된다. 덕(德)을 뜻하는 그리스어 '아레테'(aretē)가 고대 그리스에서 좋음이나 나쁨과 무관하게 탁월하다는 뜻으로 쓰였다 해도 지금은 그렇지 않으므로, 평소에 의사소통할 때 악을 덕의 범주에 넣어 표현한 '악덕'을 쓰면 안 된다. 악과 덕 또는 악과 선이 있는 거지 악덕과 미덕으로 구분하면 안 된다. 경제 뉴스에 자주 나오는 '마이너스 성장'이라는 표현도 조리에 맞지 않는다. 마이너스 성장은 성장이 아니기 때문이다.

한국방송, 문화방송, 교육방송 등을 가리키려면 공중파 방송이 아니라 지상파 방송이라고 해야 한다. 공중파(空中波, sky wave)는 말 그대로 공중에 쏘는 전파인데 지상 안테나로 수신할 수 있다. 그런데 위성 방송이 등장하면서 의미 혼란이 일어났다. 위성 방송 전파도 공중에 쏘기 때문이다. 이때부터 지표면 근처에서 사용하는 전파를 지상파(地上波, ground wave)라 부르기 시작했으며 공중파라는 말은 불필요한 용어가 되었다. 케이블 방송은 방송 전파를 유선 케이블로 전달한다. 전파 전달 방식에 따라 방송을 케이블 방송, 지상파 방송, 위성 방송, 아이피티브이 등으로 나눌 수 있다. 흔히 보편적 공공 영역과 관련한다 하여 공중파를 '公衆波'라고 추측하기 쉬운데 그런 말은 없으며 새로 만들어 써도 안 된다. 그런 역할을 맡은 '공영방송'(公營放送)이란 용어가 따로 있다.

저녁 식사 시간 무렵에 주로 나오는 방송 프로그램을 보면, 리포터가 전통 시장이나 시골에 가서 나이가 지긋한 남자나 여자에게 아버님이나 어머님이라고 부른다. 친근하게 다가가려는 의도가 나쁜 건 아니지만, 방송의 파급력을 고려하면 원뜻을 해치는 이런 틀린 표현을 용인하면 안 된다. 아버님과 어머님은 자신과 관련이 있는 어떤 이의 아버지와 어머니를 높여 부를 때 쓰는 표현이지 아버지뻘이나 어머니뻘을 가리키는 말이 아니다. 더러 자기 아버지를 가리켜 아버님이라고 부르는 사람이 있는데 그렇게 쓰면 안 된다. 이른바 과잉 존대에서 빚어진 착오다.

저희 아버님은 저를 한 번도 나무라신 적이 없습니다. (X)

제 아버지는 저를 한 번도 나무란 적이 없습니다. (O)

과잉이 좋은 경우는 없다. 독버섯처럼 널리 퍼지는 과잉 존대 표현에 대해 잘 정리한 기사가 있어 내용 일부를 축약하여 인용한다.

> 사회적 변화에 가장 민감한 게 경어법이다. 과거에는 높일 대상이 분명했는데 그게 불분명한 사회가 되고 있다 … 뒤탈 없이 이것저것 다 높이자, 이렇게 됐다. 그러다가 물건까지 높이게 된 거다 … 높이긴 해야겠는데 방법을 잘 모르는 경우가 많다. 그래서 무조건 '시'를 붙인다. '시'는 여러 높임법 중 하나일 뿐인데 '시' 하나로 손쉽고 편하게 해결하려다가 생긴 현상 … 만약 당신이 제품 하자 때문에 화가 잔뜩 난 고객을 상대하는 백화점 판매원이라고 해 보자. 회사 정책상 환불은 불가능한데 손님은 자꾸 물러 달란다. 그때 당신의 선택은 '환불이 안 됩니다' 대신 '안 되십니다'가 될 가능성이 높다 … 듣는 사람 입장에서도 … '만차입니다'보다는 '만차이십니다'에 화를 누그러뜨릴 확률이 높다.
> — 「높임말은 지금 수난 시대」, 『국민일보』, 2010년 10월 7일자

'사물 존대'라고 불리는 엉터리 과잉 존대법이 널리 퍼져 있다. 어디부터 잘못된 건지 모르지만 곳곳에 깊숙이 스며든 과잉 존대를 제거하지 않으면 우리의 의사소통 환경은 쉽게 개선되지 않을 것이다. 피츠제럴드의 소설 『위대한 개츠비』의 저작권이 소멸되어 2012년과 2013년에 이 책의 번역본이 여러 종류 출간됐다. 이 소설의 첫 문장에 이런 구절이 있다. "my father gave me some advice…" 경어체가 따로 없는 영어 문장이 어떤 식으로 번역되는지 궁금하여 여러 번역본의 첫 문장만 비교해 보았다. 어떤 번역본에는 "아버지께서 충고를 한마디 해 주셨다." 하고 나오고 다른 번역본에는 "아버지는 나에게 충고를 해 주셨는데" 하고 나오며 다른 번역본에는 "아버지가 충고를 한마디 했는데" 하고 나왔다. 높임 표현을 바로 쓰자는 취지만 들어 이 구절만 검토하면 마지막 것이 가장 낫다. 화자의 아버지는 화자에게 높일 대상이지 일반 독자에겐 무관한 사람이기 때문이다. 공적인 영역에 글을 쓸 때 특정 대상이 아닌 일반 독자에게 공개하는 것이라면 존댓말이 아닌 예사말을 쓰는 게 기본이다. 처지를 바꿔 보면 알 수 있다. 존대 표현이 적은 문장이 읽기에 더 편하다.

올해 초에 김선희 선생님의 '어린이책 번역 작가 입문'을 들었다.

→ 2013년 2월에 번역가 김선희의 '어린이책 번역 작가 입문'을 수강했다.

대화에서 어떤 사람을 거론할 때는 직위나 직함을 이름 뒤에 붙여야 자연스럽지만 자신을 가리키거나 객관적인 맥락에서 글을 쓸 때는 되도록 그 순서를 바꾸어야 한다.

이수열 선생님, 저는 이강룡 강사입니다.
→ 이수열 선생님, 저는 글쓰기 강사 이강룡입니다.

문예 회관에서 충남 교향악단과 협연하는 박종성 하모니시스트를 보고 반가웠다.
→ 문예 회관에서 충남 교향악단과 협연하는 하모니카 연주자 박종성을 보고 반가웠다.

'이재황 아나운서'보다 '아나운서 이재황'이라고 쓰는 게 낫고 '매사추세츠 공과 대학의 촘스키 교수'보다 '매사추세츠 공과 대학의 언어학과 교수 노엄 촘스키'라고 쓰는 게 나으며 '엔론 부정 사건에 부시 대통령을 비롯해 딕 체니 부통령, 폴 오닐 재무장관, 콘돌리자 라이스 국무장관이 연루됨'이라고 쓰기보다는 '대통령 부시를 비롯해, 부통령 딕 체니, 재무장관 폴 오닐, 국무장관 콘돌리자 라이스가 엔론 부정 사건에 연루됨'이라고 써야 더 객관적이다. '알렉산더 대왕'은 '마케도니아의 왕 알렉산드로스'라고 쓰는 게 낫고 '샤를마뉴 대제'는 '프랑크 제국의 황제 샤를'이라고 쓰면 조금 낫다.

　내가 하는 일이 그렇다 보니 어떤 용어가 해당 맥락에 걸맞지 않게 쓰이는 것을 보면 마음이 편치 않다. 장애인을 장애우라고 고쳐 표현하는 방식도 바람직하지 않다. 장애인은 보편적 표현이지만 장애우는 편협한 표현이다. 장애인이 자신을 가리켜 장애우라고 부를 수 없을뿐더러, '우리'와 '친하게 지내야 할 저들'이라는 구분에는 그 표현을 쓰는 사람이 장애와 무관하다는 전제가 배어 있다. 서울시는 2012년부터 공문서에서 노인이란 말을 없애고 '어르신'이라고 쓰기로 결정했다. 그런데 어르신이란 용어는 공문서에 쓸 만한 보편적인 표현이 아니기에 서울시 홈페이지에 건의문을 올렸다.

　　서울시의 좋은 기획과 훌륭한 의도와 달리 노인이란 말에는 나쁜 뜻이 전혀 들어 있지 않으니 '어르신이라는 더 좋은 말로 고치겠다'는 태도는 옳지 않습니다. '어르신'은 젊은 사람이 나이가 많이 든 사람을 높여 부를 때 쓰는 말이라 남녀노소 어떤 상황이든 두루 사용할 수 있어야 하는 공문서 표현으로 적합하지 않습니다. '어르신 대학'이라든지 '어르신 범죄'라는 표현은 없습니다. 더구나 노인이 자신을 가리킬 때도 무척 어색합니다. '내가 어르

신이 된 후'라든지 '우리 어르신끼리 만든 동아리'라고 쓸
수는 없습니다. 이와 비슷한 사례로, 공적인 표현에 장애
인을 장애우라고 적는 게 적합하지 않다는 점을 여러 전
문가가 지적한 적이 있으니 참고하시어 다시 검토해 주
십시오.

전문가들이 충분히 검토하고 내린 결정이라 되돌리기 어
렵다는 답변이 며칠 뒤에 달렸다. 노인이라는 말이 원뜻과
다르게 변질되어 쓰이도록 만든 사회 풍토와 제도를 나무라
야지 애먼 용어를 탓하면 안 된다. 비판하고 제안하자. 그러
면 우리 후손들은 더 좋은 표현을 보고 배운다.

3. 새로운 표현 제안

 번역자는 용어를 구별하고 비판하는 일에 그치지 않고 더 적절하게 고치자고 제안하거나 새로운 표현을 궁리해 선보이는 사람이다. 고속도로에서 쓰이는 말인 정크션, 인터체인지, 톨게이트가 분기점, 나들목, 요금소로 바뀌는 현상은 바람직하다. 교차하는 두 도로를 연결하는 경사진 부분을 가리키는 '램프'라는 용어를 한국어로 번역하기가 참 어려운데 도로 교통 전문가들이 잘 궁리하여 좋은 번역어를 찾거나 고안해 주면 좋겠다. 뜻을 섬세하고 정확하게 드러내는 표현은 전달력이 세기 때문에 언중이 이것을 거부할 이유가 없다.

 국립국어원은 외국어를 한국어로 적절하게 옮기거나 잘못 굳어진 표현을 순화하여 일반에 공개하는데, 이 과정에 번역자도 열심히 관여해야 한다. 국어학자들이 아무리 언어 지식이 풍부해도, 실제 번역 현장에 있는 사람들만큼 생생하고 절묘한 표현을 찾아내기는 어렵기 때문이다. 국립국어원에서 실제 다루었던 순화 용어를 소재 삼아 용어 제안 과정을 재구성해 보았다.

순화 예1: 지리 → 맑은탕

국어원 '지리'는 국물을 뜻하는 일본어 '지루'(じる)가 변한 말입니다. 이를 '싱건탕'으로 순화했습니다.

복집 주인 싱겁게 드시는 분도 있지만 얼큰하게 드시는 분이 더 많습니다. 국물이 빨갛지 않으니 '맑은탕'이라고 바꾸면 어떨까요.

순화 예2: 프랑/프랑카드/플래카드 → 알림막

국어원 프랑(フラン)이나 프랑카드(フランカ-ド)는 플래카드(placard)를 이르는 일본말입니다. 이를 현수막(懸垂幕)으로 순화했습니다.

고유어 옹호자 '현수'라는 한자어가 지나치게 어렵습니다. 아래로 드리워진다는 뜻이 담겨 있으니 토박이말을 활용해 '드림막'이라고 고치면 좋겠습니다.

간판 가게 직원 프랑은 가로도 있고 세로도 있으며 정사각형도 많습니다. 그런데 프랑이든 현수막이든 다 어떤 걸 알리려는 목적으로 만드는 거니까 모양을 본뜬 표현인 '드림막'보다는 기능을 표현한 '알림막'이 더 나은 것 같습니다.

위 간판 가게 직원의 설명에는 한국어 표현을 처음으로 만들어 소개해야 하는 번역자가 참조해야 할 중요한 통찰이 스며 있다. 모양을 본떠 용어를 만들기보다 기능과 역할을 잘 반영하여 용어를 창안하는 것이 더 좋다는 점이다. 모양의 변화 속도는 기능이나 역할의 변화 속도보다 훨씬 빠르기 때문에 번역어로서 수명도 짧다. 그러니 외국어 표현을 적절한 한국어로 옮길 때 국립국어원에 맡겨 두기보다 그 기능과 역할에 관해 올바른 지식을 지닌 전문 번역자들이 그 과정에 적극적으로 관여하고 비판에 동참해야 마땅하다.

국어원에서 '포커페이스'를 '무표정'으로 순화한다고 발표하자 많은 이들이 이를 조롱하고 비웃었는데, 어떤 이들은 '시침낯'이나 '노름낯'으로 바꾸면 어떠냐고 국어원에 거꾸로 제안했다. 자기 전문 분야나 관심사에 해당하는 순화어가 나오면 우스꽝스러워 보일지라도 킬킬거리지 말고 경험과 지식을 활용하여 더 나은 표현을 궁리해 보자. 언중이 현명하게 그것을 받아들여 더 나은 용어가 표준어를 대체하면, 우리 다음 세대는 더 정돈된 표준어를 배우게 된다. 표준어는 늘 변한다. 그걸 막을 수는 없다. 그렇지만 바람직한 방향으로 변하게 하거나 잘못 바뀐 것을 바로잡을 수는 있다. 도둑고양이는 널리 쓰이는 익숙한 표현이지만, 고양이를 좋아하거나 오래 키워 본 사람은 이 말을 쓰지 않는다. 더 무난하고 좋은 표현을 궁리한다. 그래서 '길고양이'가 대안으로 나왔다. 괜찮은 표현이다. 널리 쓰이는 익숙한 개념을 낯설게 만들어 더 나은 표현을 제안하는 중요한 역할이 우리 번역자에게 달렸다. 표현 방식에는 글쓴이가 세상을 대하는 태도가 드러난다. 잡초나 잡목이라는 표현을 쓰는 데 거부감이 들지 않는다면 그건 그 사람이 쓰임새로만 식물을 구분하기 때문이다. '사회 지도층'이라는 표현이 좋지 않은 건 차별을 용인하기 때문이다.

내가 초등학생이었을 적에는 편지를 보낼 때 "우체부 아저씨 감사합니다." 하고 봉투에 적는 게 좋다고 배웠는데 요즘 초등학교에서는 그렇게 가르치지 않는다. '우체부 아저씨'라는 표현이 여성 집배원까지 포괄하지 못하기 때문이다. 용어와 표현은 이렇게 더 보편적이고 무난한 방향으로 교정돼야 옳다.

어떤 매체에서 기사에 미혼(未婚)이라는 말 대신 비혼(非婚)이라는 표현을 사용한다면 우리는 그 매체의 관점을 짐작할 수 있을 것이다. 미혼자라 쓰지 않고 비혼자라고 쓰는 사람은 결혼했느냐는 물음에 '그럼요' 또는 '아직요'라고 주관적으로 말하기보다 객관적으로 '예' 또는 '아니요'라고 대답할 것이다. 결혼을 하지 않아도 괜찮다고 생각하는 사람들은 미혼이라는 표현을 되도록 쓰지 않으려 애쓸 것이다. 한국 사회에서 오랜 세월 쓰인 '미망인'은 죽은 남편을 따라 아직 죽지 않은 아내라는 뜻인데 성 차별을 조장하는 표현이다. 1998년 무렵에 '미전향 장기수'는 '비전향 장기수'로 바뀌었다. '아직 전향하지 않은'이라는 고압적 태도에서 물러서 '전향하지 않은'이라고 담담하게 표현하기로 결정한 것이다. 사적인 경험을 공적 영역에 비추어 보고 보편 의미를 찾아보려는 태도가 번역자에게 필요하다. 가요계에 종사하는 사람 중에는 '유행가'라는 용어보다 '대중가요'라는 용어를 선호하는 사람이 있을 것이며, 춤을 업으로 삼은 사람은 '백댄서'라는 말을 싫어할 것이다. 한쪽으로 치우치거나 개념을 미흡하게 설명하는 표현이 없는지 돌아보자. 야구 용어인 '평균 자책점'은 투수의 경기당 평균 실점을 뜻하는데 예전에는 '방어율'이라고 표현됐다. 가령 9회까지 다 던진 투수가 경기에서 1점을 내주었으면 '방어율 1.00'이라고 말했다. 그러면 방어율이 2.50인 선수는 1.25인 선수보다 방어율이 곱절이나 높으니 방어를 배는 더 잘하는 셈인가? 말이 안 된다. 방어율이란 말이 평균 자책점이란 말에 밀려난 것은 개념을 제대로 표현하지 못했기 때문이다.

페이저(pager)가 발음 그대로 들어와 외래어로 정착하지 않고 무선 호출기라는 번역어에 자연스럽게 밀려난 것은 원뜻을 표현하는 역량이 미흡했기 때문이다. 미숙하고 무책임한 번역인 음차는 전달력이 약하다. 나는 '보이스 피싱'(Voice phishing)이라는 말을 처음 들었을 때 '피싱'이 '낚시질'인 줄 알았다. 한국어로 제대로 번역되지 않은 용어는 오해나 착각을 부르기 십상이다. 이 말은 '사기 전화' 또는 '전화 음성 사기'란 번역어와 경쟁하고 있다. 나는 뜻을 잘 담은 번역어인 '전화 음성 사기'가 경쟁에서 이길 거라고 예상한다. 내 예상이 적중한다면 그건 새로운 번역어를 제안한 최초 번역자 덕이다.

「프랑켄푸드의 습격」이라는 칼럼 제목을 보고, 메리 셸리의 소설 『프랑켄슈타인』에서 프랑켄슈타인 박사가 만든 괴물을 떠올릴 수 있는 독자라면 저자의 의도를 짐작할 것이다. 『유전자 조작 밥상을 치워라』에 나온 표현으로 설명하자면 저 칼럼의 저자는 '유전자 수정 유기체'(Genetically Modified Organism)라는 기존 표현에 반기를 들고 '유전자 조작 유기체'(Genetically Manipulated Organism)라고 표현하자고 주장할 것이다. '수정은 좋은 쪽으로 바뀔 때 쓰고 조작은 나쁜 쪽으로 바뀔 때 쓰기 때문'이다.

'Bible'이라는 단어를 '성경'이라고 옮기는 것과 '성서'라고 옮기는 건 분명한 차이가 있다. 성경이라고 옮기면 기독교의 경전으로 본다는 뜻이고, 성서라고 옮기면 기독교 사상을 담은 저작물이라고 본다는 말이다. 예수의 탄생 시기와 맞아떨어지는 건 아니지만 서양에서는 예수가 태어난 해를 기준 삼아 탄생 전(Before Christ)과 후(Anno Domini, '주님의 해'라는 뜻)로 나누어 연대를 표기했다. B.C. 1년은 A.D. 1년보다 한 해 앞선다. 서기전을 뜻하는 표기는 영어 약자로, 서기를 뜻하는 표기는 라틴어 약자로 되어 있어 둘이 나란히 쓰이는 게 어색한데, 이미 굳어진 표현이니 어색해도 어쩔 수 없을 것 같다. 그런데 과연 이 어쩔 수 없음은 어찌할 수 없을까? 영국방송협회(BBC)는 기사에 연대를 표기할 때 B.C.나 A.D. 말고 B.C.E.(Before Common Era, 공통 연대 이전)와 C.E.(Common Era, 공통 연대)도 함께 쓰기 시작했다. 기독교 세계관이 반영된 표기보다 더 보편적인 표기를 궁리한 결과다. 번역자는 늘 보편적인 표현을 궁리해야 한다. 그래야 번역문이 더 오래 사랑받을 수 있다.

3장 **맥락 살피기**

1. 출발어의 맥락

    원문의 섬세한 뜻을 잘 살려 번역하려면 원래 맥락을 꼼꼼하게 살펴야 한다. 2013년 안전행정부로 이름이 바뀐 행정안전부가 기획하고 한국방송이 제작한 애국가 영상의 2절을 보면 '남산 위에 저 소나무'의 배경으로 서울타워가 있는 남산이 나온다. 이건 남산이라는 원뜻을 제대로 파악하지 못한 탓이다. 애국가에 나온 남산은 고유한 명칭인 서울 남산이 아니라 어느 고장에나 있는 야트막한 앞산(보통 명사)을 가리키기 때문이다.

    『설국』은 가와바타 야스나리가 지은 소설이다. 이 작품의 예전 한국어 번역본은 대개 이렇게 시작했다. "국경의 긴 터널을 빠져나오자, 설국이었다." 그러나 요즘 출간되는 번역본은 이렇게 바뀌었다. "긴 터널을 지나 지방 경계를 넘자 눈의 고장이 펼쳐졌다." '국경'과 '설국'에 들어 있는 '국'(国)의 의미가 원래 맥락에 맞게 바뀌었다. '국경'의 '국'은 일본의 행정 구역인 '현'을 가리키지만, '설국'의 '국'은 눈이 많이 오는 '고장'을 가리킨다. 따뜻한 남쪽 지역을 '난코쿠'(南国, 남국)라고 부르는 것과 같다. 그러니 맥락에 맞게 바꾸어 표현하는 게 바람직하다.

원저자의 의도를 잘 파악하려면 저자가 어떤 시공간에 있는지 먼저 살피는 게 필요하다. 윤이상 콩쿠르 심사위원장 로런스 레서는 참여자들에게 이렇게 조언했다.

> "악보는 인쇄된 종이에 불과합니다. 악보에 매달리지 말고 작곡가가 연주가나 청중에게 영감을 주려고 했던 동기나 의도도 함께 읽어 낼 줄 알아야 해요. 윤이상 작품을 제대로 연주하기 위해서는 미리 고향 통영에 와서 윤이상의 삶을 알고 배우려는 노력이 필요합니다."
>
> —『한겨레』, 2012년 10월 30일자

영화 기사나 평론을 보면 극중 인물 이름 대신 배우 실명을 쓰는 경우가 있는데 이는 원본 맥락을 무시한 치졸한 표현법이다. 극중 이름 뒤에 배우 이름을 나란히 적는 건 괜찮다. 그 배우가 그 역할에 맞게 분장했다는 뜻으로 '분'(扮)을 덧붙이는 게 원칙인데 빼도 의미 전달에 무리는 없다.

'거절할 수 없는 제안을 하겠다'는 말론 브랜도의 말처럼

→ "거절할 수 없는 제안을 하겠소"라는 돈 콜레오네(말론
브랜도 분)의 말처럼

→ '거절할 수 없는' 제안을 하겠다는 돈 콜레오네(말론 브
랜도)의 말처럼

덴젤 워싱턴이 윌리엄스 고등학교 미식축구부 코치로
부임한다.

→ 허먼(덴젤 워싱턴 분)이 윌리엄스 고등학교 미식축구부
코치로 부임한다.

콜럼버스(본명인 콜롬보의 영어식 표기)는 긴 항해 끝에 닿은
광활한 아메리카 대륙이 인도라고 믿은 채 생을 마쳤다. 한
유럽인의 착오로 잘못 탄생한 용어가 인디언이다. 500년도
더 지났지만 세상에는 아메리카 원주민을 여전히 인디언이
라고 부르는 사람들이 무척 많다. 아메리카 사람을 인도 사
람이라고 부르는 꼴이니 얼마나 어처구니없는 경우인가. 한
번 익숙해진 표현은 나중에 틀린 줄 알고서도 쉽게 고치기
어렵다. 첫 번역자의 역할이 이래서 중요하다.

정치 철학 연구자 존 롤스가 『정의론』에서 강조한 것 중에
'무지의 장막'(Veil of ignorance)이라는 비유가 있다. 자신이 처
한 특수한 환경이나 조건을 무시하면 사람들은 대개 보편적

이며 올바른 선택을 한다는 점을 강조하려고 이 표현을 만들었다. 원본 내용을 유심히 검토해 보면 '무지의 장막'이라기보다 동격을 드러내는 전치사(of)의 기능을 살려 '무지라는 장막' 또는 '모름이라는 장막'이라고 옮기는 편이 낫다. 소설 『주홍 글자』(The Scarlet Letter)의 번역본 제목은 대개 『주홍 글씨』였다. 표준국어대사전에는 '글자'와 '글씨'가 유의어라고 나오지만, 이 작품의 제목이 '간통'(adultery)의 머리글자(A)를 의미하므로, 글자의 맵시나 모양을 주로 가리키는 '글씨'보다는 뜻을 담은 기호인 '글자'라고 옮겨야 원래 뜻이 더 잘 드러난다. 한번 굳어진 표현은 나중에 바로잡기 어렵기 때문에, 외국어 표현을 한국어로 처음 옮기는 번역자의 책임은 매우 크다.

영국 정치와 사회 풍조를 비꼰 조너선 스위프트의 소설 『걸리버 여행기』는 1993년에 완역본이 나오기 전까지 그저 꼬마들이 읽는 동화로 치부돼 왔다. 『걸리버 여행기』를 제대로 알려면 소인국 이야기인 1부 「릴리퍼트」와 거인국 이야기인 2부 「브롭딩낵」뿐 아니라, 현실을 무시하고 이념 세계에만 몰두하는 지식인 사회를 비꼰 3부 「라퓨타」와 야수인 야후를 닮은 인간 본성을 고발하는 4부 「휴이넘」까지 읽어야 한다. 그런데 왜 이 작품이 청소년 모험 소설로 분류돼 왔을까? 1908년 청소년 잡지 『소년』을 창간한 최남선은 첫호에 『걸리버 여행기』를 번역하여 실었다. 청소년의 기상을 드높

·이려는 것이 게재 목적이었는데 영국 사회상을 풍자하고 고발하려 한 저자의 의도와 무관하다. 이렇게 원래 맥락과 동떨어져 청소년 모험 소설로 둔갑한 이래 1993년까지 이 작품의 원전을 완역하려는 시도가 한 번도 없었다.

어떤 경우든 번역자는 원본의 최초 맥락을 충실히 번역문에 반영하려는 태도를 지녀야 한다. 저자의 의도를 잘 파악하려고 노력해야 하며, 미심쩍은 내용이 있다면 저자에게 직접 물어야 한다. 저자에게 직접 물을 수 없으면 그 분야 전문가에게 조언을 구해야 한다.

이수열의 『우리가 정말 알아야 할 우리말 바로 쓰기』를 읽다가 관형격 조사 '의'의 쓰임새에 관해 궁금한 점이 생겨 저자에게 물어보려고 이메일 주소를 검색했다. 도무지 찾을 길이 없어서 현암사 편집부에 저자 연락처를 알고 싶다고 이메일을 보냈다. 바로 답장이 왔다. "이수열 선생은 이메일을 사용하지 않으십니다. 궁금하신 점을 저희에게 알려 주시면 전달해 드리겠습니다." 답변해 준 편집자에게 이메일을 보냈다.

> 『우리가 정말 알아야 할 우리말 바로 쓰기』를 읽고 관형격 조사 '의'의 쓰임새에 관해 올바로 알았습니다. 요즘 저자나 번역자들이 자주 쓰는 표현 중에 '~으로서의'와 '~와의'가 있습니다. '직업으로서의 정치'라든지 '미국과

의 협상'처럼 의사소통을 원활하게 하는 측면도 있는 것 같습니다. '~의로의'나 '~에로의' 같은 표현은 바로잡기가 어렵지 않은데 '으로서의'와 '와의'는 바루기가 쉽지 않습니다.

　편집자는 내 이메일을 받아 인쇄한 다음 저자에게 편지를 보냈고 저자는 펜으로 답변을 작성해 편집부에 우편으로 답장을 보냈으며 편집자는 편지 내용을 컴퓨터로 입력하여 내게 이메일로 보내 주었다. 이 과정이 일주일 넘게 걸렸지만 내겐 원문 정보를 확인하는 좋은 선례가 되었다. 저자는 일본어 표현을 의역한 '으로서의'와 '와의'를 쓰기보다, '직업으로 삼은 정치'라든지 '미국과 벌인 협상'처럼 '으로서'와 '와'를 살려 더 한국어답게 표현해 보기를 권했다. 그때부터 나는 글을 쓸 때 그 둘을 사용하지 않는다. 그렇지만 글쓰기 강의나 교재에서 이 표현을 쓰지 말라고 주장하지는 않는다. 요즘에도 여전히 글을 쓸 때 '아내와의 외출'이나 '문학으로서의 성서' 같은 제목을 달고 싶은 충동이 일기 때문이다. 아직 내 몸에 익지 않은 걸 남에게 권할 순 없는 노릇이다.

　이메일 같은 도구가 있어 저자나 해당 분야 전문가와 일대일 대화를 나눌 수 있다는 건 번역자에겐 무척 좋은 의사소통 조건이다. 이 환경을 충분히 활용하자. 다른 번역자의 글에서 오류를 찾았다고 가정해 보자. 대응하는 두 가지 방식이 있을 것이다.

1) 고스트라이터(Ghostwriter)가 유령 작가라니, 번역자의
수준이 의심스럽다. 고스트라이터는 유령 작가가 아니라
대필 작가다. 겉으로 보면 그럴싸하지만 실체가 없을 때
흔히 유령을 앞에 붙인다. 유령 도시, 유령 인구, 유령 회
사가 그 예다. 제대로 좀 알고 번역해라.

2) 번역자에게 고스트라이터를 유령 작가라고 번역한 까
닭을 물어보았다. 한국어 맥락에서 '유령 작가'는 대필 작
가가 아니지만, 버젓이 실체가 있음에도 철저히 자신을
숨겨야 하고 끝내 이름조차 거론되지 않는 극중 대필 작
가의 처지가 유령 같기도 하기에 오역을 감수하면서 굳
이 유령 작가라고 옮겼다고 한다.

독자는 2번처럼 쓰는 사람을 더 신뢰할 것이다. 출발어의
맥락이 잘 반영됐기 때문이다. 글 쓴 사람에게 직접 물어볼
수 있는 여건이 아니면 전문가나 주관 단체에 문의하면 된다.
백범 김구에 관한 기사를 읽다가 『백범일지』(白凡逸志)의 한자
표기를 보고 왜 '일지'(日誌)라고 쓰지 않았는지 궁금해졌다.
누구한테 물어볼까 고민하다가 인터넷으로 먼저 찾아보았다.
표준국어대사전에는 이렇게 나왔다. "일지란 고고한 뜻을 가
리킨다." 그런데 '백범'이 지닌 소박한 뜻과 '일지'가 지닌 웅

대한 뜻이 언뜻 어울리지 않는 것 같아 어색했다. 백범김구기념관 홈페이지를 방문했다. 물어볼 만한 곳이 없어 이리저리 찾아보다가 공지 사항 게시판에 직원 이메일 주소가 나오기에 그분에게 물었다.

'백범일지'의 '일지' 뜻이 궁금해서 문의할 곳을 찾다가 게시판에 있는 주소를 보고 이렇게 메일 보냅니다. 1) '일지'는 '고결하고 높은 뜻'이라고 알고 있는데 정확한 뜻은 무엇인지요? 2) '백범'이라는 겸손한 호를 쓰신 분이 자서전 제목을 '일지'라고 붙였다는 게 언뜻 어색해 보입니다. 백범 선생이 직접 붙이신 건가요? 아니면 다른 사람이 붙인 말인가요?

답변이 왔다.

백범김구기념관입니다. 逸志: 국립국어원의 표준국어대사전에는 귀하께서 적으신 대로 고결하고 높은 뜻 또는 숨겨진 뜻이라고 나옵니다. 귀하의 의견처럼 백범일지를 설명할 때 이러한 풀이를 사용하기가 다소 어색합니다. 백범 김구 선생께서는 '백범일지'라고 명명하고 직접 제호도 쓰셨지만, '일지'를 어떤 뜻으로 썼다고 밝히지는 않았습니다. 다만, 『백범일지』를 처음으로 출간하시면서 쓰신 출간사에 '범인의 자서전'이라는 표현과, 상권을 집필하며 집필 목적을 밝히신 '인, 신 두 아들에게'라는 글에 있는 '너희가 성장하여 아비의 일생 경력을 알 곳이 없기 때문에 이 일지를 쓰는 것이다.' 하고 밝히신 내용을 토대로 우리 관에서는 '알려지지 않은 이야기' 또는 '자서전'의 개념으로 '逸志'라고 표현하셨다고 보고 있습니다. '志'는 '기억함, 적음, 기록함'이란 뜻도 지녔기 때문입니다. 우리가 그날그날의 업무를 적는 일지의 한자 표현을 '日誌' 혹은 '日志'로 표현하는 것과 같은 예입니다.

설명을 듣고 나니 『삼국지』의 '지'가 왜 '志'인지도 이해하게 되었다. 백범 연구자가 아니라면 전문가가 알려 주는 교양 지식까지만 접근해도 번역자에게는 충분하다. 그 정도까지 접근하는 건 별로 어렵지 않은데도 거기까지 가는 이가 드물다.

원본 맥락을 잘 따져 묻지 않고서는 독자 맥락을 거론조차 할 수 없다. 파주와 서울을 잇는 노선인 200번 버스가 서울 강변북로를 벗어나 양화대교 북단으로 진입하면 안내 방송이 나온다. "이번 정류장은 양화 진성지 공원 입구입니다." 이쪽 지리를 잘 모르는 사람은 '진성지'라는 이름을 지닌 공원이 있나 보다 여길 테지만, 알 만한 사람은 '양화진 성지 공원'을 잘못 읽은 거라는 사실을 안다. 다음 단어를 붙임표 기준으로 끊어 읽는 건 적절할까?

복불-복

콘도-미니엄

레오나르도-다빈치

레미-제라블

싱어송-라이터

사전이나 백과에서 원어를 찾아보면 어디서 끊어야 하는
지 알 수 있다.

福-不福

Con-dominium

Leonardo da Vinci

Les Misérables

Singer-songwriter

복불복은 '복이 오거나 복이 오지 않거나'란 뜻이다. 콘도
미니엄은 '함께 소유함'이라는 뜻이다. '다빈치'라고 붙여 쓰
는 것이 현행 표준 표현이긴 하지만 '빈치' 지방 출신이라는
원뜻을 더 잘 전달하려면 '레오나르도 다 빈치'라고 끊어 읽
고 끊어 표기하는 것이 바람직하다. 빅토르 위고의 소설 제
목은 비참한 사람들을 뜻하는 『레 미제라블』이다. '싱 어 송'
(Sing a song)이라는 구절이 익숙하여 싱어송라이터를 잘못 끊

어 읽는 사람도 있는데, 싱어송라이터는 '가수 겸 작곡가'라든지 '작곡가 겸 가수'라고 고쳐 쓰면 좋겠다. 그러면 끊어 읽기 혼란도 줄일 수 있다. 우리는 가수란 말도 잘 알고 작곡가란 말도 잘 안다. 그러니 싱어송라이터라는 새 말은 받아들이지 않는 편이 낫다. 예를 들어, 가수 활동을 하면서 틈틈이 작곡을 겸하는 사람은 '작곡가 겸 가수'라고 표현하고, 작곡가이면서 틈틈이 가수 활동을 하는 사람을 가리킬 때는 '가수 겸 작곡가'라고 표현하면 원뜻을 더 섬세하게 전달할 수 있을 것이다. 윌리엄 깁슨의 소설 『뉴로맨서』를 거론하며 '뉴-로맨서'라고 읽는다면 원제(Neuro-mancer)를 찾아보지 않았다고 입증하는 셈이다.

해당 표현이 적절하게 쓰이던 섬세한 원래 맥락을 떠올리고 상상하자. 여자를 '그녀'라고 통칭하지 말고 맥락에 맞게 쓰자. 무턱대고 그녀라 쓰지 말고 상황에 맞게 계집애나 소녀라고, 또는 숙녀나 여인이라고, 또는 부인이나 노파라고 쓰자. 여자의 이름을 적어도 좋다. 이창동이 연출한 영화 『시』에 등장하는 미자는 시 수업을 들으러 갈 때는 영락없는 문학소녀이지만, 손자 밥상을 차려 주는 대목에서는 평범한 할머니가 되고, 성폭행에 가담한 손자가 쇠고랑을 차지 않도록 합의금을 마련하는 장면에서는 여자로서 자존심을 버린 가련한 여인으로 전락하기도 한다. 이 다양한 모습을 그녀라고 통칭한다면 얼마나 밋밋할까. 「소나기」에서 소녀에 대해 이야기하는 한 구절을 '그녀가 여간 잔망스럽지 않아.' 하고 쓰면 얼마나 어색한가. 어색한 그 느낌을 잊지 말자. 섬세한 의사소통에 익숙하지 않은 꼬마들에게는 집도 한 개, 차도 한 개, 구두도 한 개, 장미도 한 개, 연필도 한 개, 책도 한 개다. 섬세한 의사소통에 관해 생각하지 않는 어른들은 이사하려고 집을 알아보면서 '방이 몇 개냐' 묻지 '방이 몇 칸이냐' 묻지 않을 것이다. 저게 무슨 나무냐고 물었을 때 참나무라고만 대답할 게 아니라 떡갈인지 신갈인지 갈참인지 졸참인지 굴참인지 상수리인지 구별하면 더 좋을 것이다. 젓갈이 '삭으면', 김치가 '익으면', 메주가 '뜨면'처럼 음식에 따라 맛깔나게 표현하면 좋을 말을 뭉뚱그려 '발효되면'이라고 통칭하면 얼마나 싱거운가. 발효라는 한자어는 식품 매장 진열대에 비슷한 종류 제품을 통칭하는 맥락에 쓰면 무난할 것이다. 한국 사람이라면 명태를 가리키는 여러 용어를 알 것이다. 새끼 명태를 노가리라 부르고, 얼린 것을 동태라하고, 바싹 말린 것을 북어라 하며, 얼렸다 녹였다를 반복한 것을 황태라 부른다. 코다리는 꾸덕꾸덕할 정도로만 말린 명태다. 섬세한 한국어 표현을 익히지 못한 외국인은 '말린 명태', '얼린 명태'처럼 표현할 텐데, 이 표현을 잘 아는 한국 사람은 그들에게 제대로 알려 주고 싶은 마음이 들 것이다. 번역과 글쓰기 공부도 마찬가지다. 통칭하는 표현은 편리하다. 여러 정황에 맞추어 세심하게 표현하는 건 귀찮다. 그냥 살던 대로 익숙하게 살 것인가, 조금 낯선 과정을 이겨 내고 더 낫게 의사소통하는 단계로 올라설 것인가. 한 단계 올라서면 더 섬세하고 근사한 세계가 펼쳐지는데도 많은 이들이 귀찮아서 포기하는 것 같아 안타깝다.

개념 차이를 알고 섬세하게 표현하려면 세심한 관심이 필요하다. 서양 저자가 일본 영화감독 이름을 '아키라 구로사와'라고 적었다 해도 세심한 번역자라면 한국어 독자를 위해 '구로사와 아키라'라고 원래 맥락에 맞게 고쳐서 옮겨야 한다. 영어권 저자가 '호머의 『일리아드』'라고 썼어도 그리스어의 맥락을 살려 '호메로스의 『일리아스』'라고 고쳐 옮기는 게 좋다. 부처라는 용어만 아는 사람과 맥락을 잘 살펴 고타마 싯다르타, 석가모니, 붓다 등으로 달리 쓰는 사람의 교양 수준은 다를 것이다. 현존하는 세계 최초 금속 활자본의 이름을 '직지심경'이라고 대충 아는 사람보다 '직지심체요절'이라고 제대로 아는 사람의 교양 수준이 조금은 더 높을 것이며, 그런 이에게는 더 정확하게 알려는 공부 욕구가 일어나므로 언젠가는 '백운화상초록불조직지심체요절'[白雲和尙抄錄佛祖直指心體要節, '백운'이라는 '화상'(수행을 많이 한 승려)이 '초록'(간추림)한 '불조'(석가모니 같은 선지자)의 '직지심체'(올바른 깨달음) '요절'(핵심)]이라는 명칭도 알게 될 것이다. 공자라는 호칭만 아는 사람과 공구와 중니라는 이름까지 아는 사람의 교양도 다를 것이다. 송의 초대 황제가 조광윤이라는 사실을 아는 번역자는 원문에 '조송'(趙宋)이라는 낯선 용어가 등장해도 당황하지 않을 것이다. 셰익스피어가 지은 희곡의 제목은 『줄리어스 시저』이지만 그 주인공은 로마 황제 율리우스 카이사르다. 고유 명사인 카이사르를 잘 알면 보통 명사로 바뀐 시저, 카이저, 차르도 제대로 알 수 있다. 대강 알아들으면 된다고 여기는 사람의 인생은 회화 수준에 머물지만, 섬세하게 마음을 주고받고자 노력하는 이의 삶은 대화 수준으로 고양된다.

항공기 조종 견습생에게 계기판은 혼잡하고 두려운 대상이지만 능숙한 조종사에게 계기판은 복잡할 뿐 혼잡하지 않다. 필요한 지식을 습득했기 때문이다. 모르면 혼잡하고 두렵지만 알면 복잡하더라도 두렵지 않다. 헤엄을 치지 못하는 사람은 먼 길을 돌아서 강을 건너야 하지만 헤엄치는 법을 습득한 사람은 물에 뛰어들기만 하면 된다. 문자 메시지를 보내려 하는데 '하마터면'이 맞는지 '하마트면'이 맞는지 헷갈린다. 그럴 때 어떻게 하면 좋을까? '자칫하면'이라고 쓰면 된다. '웬간히 좀 해'인지 '엔간히 좀 해'인지 헷갈릴 때는 '작작 좀 해'라고 쓰면 된다. 그렇지만 어떤 이는 해 오던 일을 잠시 멈추고 국어사전을 찾는다. 하마터면 잃어버렸을 미묘한 어감을 다음부터는 잘 전달할 수 있다. 이런 태도를 늘 유지하려면 엔간히 노력해선 어렵없다.

2. 도착어의 맥락

    원문의 맥락을 잘 살폈다 해도 독자 맥락을 제대로 살피지 않으면 번역은 완결되지 않는다. "백미, 쿠쿠가 맛있는 취사를 시작합니다." 글쓰기 강사인 나를 적어도 하루 한 번은 괴롭히는 말소리. 이 말이 들릴 때마다 중얼거린다. "맛없기만 해." 쿠쿠 음성 안내는 독자에게 도착하기도 전에 이미 오역이다. 취사한 밥이 맛있을 순 있어도 맛있는 취사라는 건 애당초 있을 수 없기 때문이다. 있을 수 없는 일을 판단할 수는 없는 노릇이다. 행사장 안내 방송에 '양해 말씀 드린다'는 표현이 더러 나오는데 이것도 도착어 맥락을 무시한 엉터리 표현이다. 양해는 양해할 사람이 사정을 다 듣고 나서 해야 하는 판단이므로, 이러저러하니 양해해 달라고 청하거나 양해를 구한다고 써야 자연스럽다. '뺑소니차에 치였다'는 표현이 뉴스에 자주 나오는데, 엄밀히 따지면 이 문장은 사람을 치고 달아나던 차에 다른 사람이 또 치였다는 뜻이다. 아래는 사태가 일어나기도 전에 넘겨짚은 표현들로 모두 나쁜 문장이다.

"사랑합니다. 고객님." — 상담원 통화 첫인사
"어쨌든 미리 감사합니다." — 부탁하는 이메일 끝인사
"깨끗이 사용해 주셔서 고맙습니다." — 백화점 화장실

일어나지 않은 일에 대해 판단하면 문장의 설득력은 떨어지기 마련이다. 독자 처지를 충분히 살피지 않으면 오역으로 빠지기 쉽다. 아래 문구는 내가 사는 아파트 단지 관리 사무소에서 내건 안내문인데 맥락상 틀린 표현이 있다.

쓰레기 분리수거 요망

'분리수거'란 말도 어엿한 표준어이지만 그건 쓰레기를 처리하는 쪽에서 쓰는 말이므로, 주민들 보라고 내건 안내문에는 '수거'가 아니라 '배출'이라고 써야 맞다. 그리고 쓰레기를 떼어 내는 게 아니라 같은 종류끼리 모아 버리는 것이므로 분리가 아니라 분류라고 고쳐야 한다.

쓰레기 분류 배출 요망

쓰레기를 같은 종류끼리 나눠 버리세요.

　나는 『한 권으로 읽는 세계사』를 집필하면서 공동 저자인
선배와 가끔 만나 원고 회의를 했다. 같은 동네에 살고 있었
기 때문에 만나기도 수월했다. 첫 모임 때 식사를 겸하기로
하고 장소를 물색했다. 선배가 건강 관리 때문에 식단에 제
약이 많아서 여러 식당을 물색하다가 내가 몇 번 가 본 초밥
집으로 정했다. 선배에게 가게 위치를 설명했다. "선배, 하나
은행 어딘지 아시죠? 거기서 동쪽으로 조금만 가면 홈플러
스가 나와요 거길 지나면 구루메 회전초밥이 보일 거예요."
선배는 하나은행을 찾을 순 있을 것 같은데 홈플러스는 당최
모르겠다고 대답했다. 내가 조금 더 자세히 설명하자 선배가
되물었다. "거기 혹시 정관장 옆인가?" "아뇨, 우리 동네에
정관장 없어요. 홈플러스를 찾으세요. 찾기 쉬워요." "홈플러
스는 잘 모르겠고, 왠지 정관장 옆인 것 같네." "아닐 거예요.
제가 이 동네 4년을 살았는데 정관장은 한 번도 못 봤어요."
결국 알아서 찾아오기로 했고 약속 장소에서 제시간에 만났
다. 나는 그날 처음 알았다. 우리 동네에 정관장 대리점이 있
었다는 사실을. 왜 나는 건강 문제가 최우선 관심사인 독자
의 처지를 살피지 못했던가.

　제주도 중문 단지를 지나면서 식당 간판을 본 아내가 전복
삼계탕 맛있겠다며 지나가는 말처럼 중얼거렸다. 나는 충실

한 독자인 아내를 배려하는 섬세한 남편이기에, 이 말을 놓치지 않고 기억해 두었다가 저녁 시간이 됐을 때 아내를 그 식당까지 모셔다 드렸다. 아내는 만족스러운 표정을 지었다. 의기양양해진 나는 자리에 앉자마자 차림표를 들고 우리 쪽으로 오는 종업원을 향해 손을 들고 "여기 전복 삼계탕 둘이요." 하고 외쳤다. 종업원은 고개를 끄덕거리며 되돌아갔다. 아내는 불만 어린 표정을 지었다. 왜 그러느냐고 했더니 자기 의견을 묻지도 않고 마음대로 주문했기 때문이란다. "아까 전복 삼계탕 먹자며." 내가 발끈하자 아내가 덧붙였다. "메뉴 보면서 혹시 다른 거 주문할 수도 있는 거잖아." 끙, 이게 일반적인 남편이 일반적인 아내의 말을 일반적으로 오역하는 일반적인 시작점인가 보군. 나는 독자 처지를 성심껏 살핀다고 했는데 결국 오역으로 끝을 맺었다.

2005년 국정 감사 때 국회의원 심상정은 '회사 기회 유용'이라는 딱딱한 법률 용어를 '일감 몰아주기'라는 쉬운 표현으로 바꾸었는데 이제 이 말은 일상 영역에서 보통 명사처럼 자리 잡았다. 이런 번역 사례는 모범이 될 만하다. 독자의 정황을 일관하게 유심히 살피는 번역자는 저자만큼 미덥다. 주말 저녁 뉴스에서 산불 소식을 전하던 진행자가 이렇게 말했다. "오늘 임야 100헥타르가 탔습니다. 여러분, 헥타르라고 하니까 잘 모르시겠지요? 100헥타르면 축구장 100개 넓이입니다." 아주 적절한 설명이다. 보이는 대상인 축구장으로 보이지 않는 개념인 헥타르를 표현하는 건 세련되고 친절한 번역 기술인데 독자인 시청자의 눈높이에 맞추어 용어를 적절하게 옮겼다.

"한국말로 이야기하는데 뭐가 이리 어려운 거야." 이렇게 푸념해 본 적이 있다면 한국인에게 한국어로 표현할 때도 번역 기술이 필요하다는 데 동의할 것이다. 음악에 도무지 소질이 없고 음악 지식도 별로 없는 나는 이 책을 준비하기 전까지 모차르트의 오페라 『마적』이 말을 탄 도적 떼인 줄 알았다. 제임스 조이스의 소설을 읽어 본 일이 없는 나는 도서관 서가에서 『사자들』이 보일 때마다 사자처럼 용맹한 투사들을 떠올렸다. 헤시오도스의 『신통기』를 여적 읽어 보지 않았는데 그 뜻을 알기 전에는 신통방통한 영웅들의 이야기인 줄 알았다. 다 같은 한국어인데 왜 이리 어려운가. 독자가 헷갈릴 수 있는 여지를 번역자가 만들어 놓았기 때문이다.

모차르트의 오페라 『마적』 → 『마술 피리』
제임스 조이스의 소설 「사자들」 → 「죽은 자들」
헤시오도스의 『신통기』 → 『신들의 계보』
버지니아 울프의 소설 『등대로』 → 『등대를 향해』

한자어는 개념어나 명칭을 만들기에 좋은 조건을 갖추었지만 원뜻을 쉽게 드러내지 못한다면 무용지물이다. 읽었을 때 쉽게 뜻이 드러나지 않는 한자어가 있다. 이것을 자주 쓰는 한자어를 활용해 알기 쉽게 바꾸는 게 한자어 번역의 출발이다. 한국어는 되도록 한글로 표기하는 게 좋으므로 한자를 병기하지 않고서 원뜻을 전달하는 게 더 좋다. '양측의 이해를 고려하여'보다 '양측의 손익을 고려하여'가 낫다. '이해' 다음에는 괄호 안에 한자를 병기해야 하지만 손익은 굳이 안 그래도 된다. '미필적 고의'를 일상 의사소통에서 '고의로 묵인'이나 '방치'나 '회피'나 '외면' 등으로 바꿔 쓰면 원뜻의 본질이 더 잘 드러난다. 법률 용어인 '최고장'은 일상 의사소통에서 '독촉장'으로 바꾸어도 의미 차이가 없다. 인문학 영역에서 많이 쓰는 용어인 '질료'는 더 알기 쉬운 말인 '재료'라고 바꾸어도 괜찮다. '제품 사양'은 '제품 규격'이라고 바꾸면 뜻이 더 잘 드러난다. '악화가 양화를 구축한다'를 '나쁜 화폐가 좋은 화폐를 몰아낸다'로 고치면 조금 더 나아진다. '노견'은 단순하게 '길 어깨'라고 직역하기보다 '갓길'이라고 의역하는 게 낫다. 포장도로가 아닌 갓길을 주로 일컫는 말인 '길섶'도 있다. '무선 호출기'와 '삐삐'가 저마다 영역에서 자리를 차지하고 공존하듯, 그리고 '주취 운전'이 도로 교통법 영역에 쓰이고 '음주 운전'이 일상 대화에서 쓰이듯, 길섶과 갓길도 그렇게 공존한다.

노련한 궁사들은 바람이 세게 불면 표적지에 조준을 하지 않고 상황에 맞게 각자 터득한 대로 오조준을 한다. 엉뚱한 곳을 향해 쏘는 것 같지만 과녁에 명중시킨다. 번역자에게도 오조준이 필요할 때가 있다. 일부러 오역을 감수하거나 같은 말을 반복하거나 균형이 깨진 표현을 쓴다. 모두 의사소통을 잘하려는 한결같은 목적 때문이다.

공자는 은인이다.

위 문장에서 '은'은 나라 이름이라서 '나라'를 덧붙이면 동어 반복이지만 독자 맥락에 따라 '은나라'라고 쓰는 게 좋을 때도 있을 것이다.

공자는 은나라 사람이다.

동어 반복의 허용 범위는 오로지 번역자의 안목과 지식에 달렸는데, 같거나 비슷한 말을 반복하여 의미 전달력이 강해질지 약해질지 세심하게 살피는 일 외에 이 모호함을 해소할 방법이 딱히 없다. 뜻을 잘 전달하는 데 방해가 되는 명백한 동어 반복부터 걸러 내면서 필요한 동어 반복을 남기도록 하자. '맨 처음'은 '처음'이라고 쓰면 충분하고, '늘상'은 '늘'이라고 쓰면 충분하다. '노랫말'이라고 쓰든가 '가사'라고 쓰면 될 것을 굳이 '노래 가사'라고 쓰면 안 되듯, '그때'라고 하든지 '당시'라고 하면 될 것을 '그때 당시'라고 똑같은 말을 반복할

까닭이 없다. 그런 건 비생산적인 동어 반복이다. '조령 고개'나 '남태령 고개'라고 쓰면 높은 고개를 가리키는 한자어 '령'(嶺)의 뜻이 퇴색하므로 '고개'를 덧붙이지 않는 게 좋다.

그 책은 반려 동물과 나누는 교감을 다루었다.

위 문장에서 '교감'(交感)은 감정을 나눈다는 뜻이므로 '나누는'을 쓰면 동어 반복이다. 다음처럼 바꾸면 어떨까?

그 책은 인간이 반려 동물과 교감하는 내용을 다루었다.

'여운이 남다'도 동어 반복이다. 시 낭독을 듣거나 노래나 연주를 듣고 귓전에 소리가 맴돌거나 감동이 은은하게 남는 걸 여운이라고 한다. 여행을 다녀와서 여운이 있다면 이렇게 표현하면 된다.

열흘이 지났건만 천 년 고도인 교토의 정취가 그윽하게 남아 있다.

아래 문장에도 동어 반복이 있다.

서정적이고 간결한 문체로 소설의 주제를 간접적으로

시사하고 있다.

'시사'(示唆)는 미리 넌지시 알린다는 뜻이므로 '간접적으로'를 쓰면 시사란 단어가 지닌 뜻이 퇴색한다. 다음처럼 고치면 좋겠다.

…주제를 시사한다.
…주제를 간접적으로 알리고 있다.

'석가 탄신일'은 동어 반복이다. '탄신'과 '탄일'은 동의어로 '생신'과 '생일'의 관계와 같다. '생신일 잔치'가 아니라 '생신 잔치'이듯 '탄신일'도 어색한 말이다. 높이는 대상에 따라 생일, 생신, 탄일, 탄신 가운데 하나를 골라 써야 원뜻을 섬세하게 표현할 수 있다. '생사 여부 확인'이나 '진위 여부 확인'은 얼핏 맞는 표현 같지만 잘 따져 보면 불필요하게 '여부'가 끼어들어 '생사'와 '진위'의 뜻을 흐린다는 점을 알 수 있다. '자본 투자'도 동어 반복이다. 자본이란 말에 이미 투자 개념이 포함된다. 자본이란 이윤을 내려고 투여한 토지나 기계나 설비를 아울러 이르는 말인데 그걸 다 갖추려면 돈이 필요하니 결국 이윤을 얻으려고 쓴 돈을 가리킨다. '투자'라는 말을 겹쳐 쓰지 않아야 투자 개념이 포함된 '자본'의 원뜻이 더 잘 살아난다.

그런데 뜻이 비슷한 말이 되풀이된다 하여 모조리 배제하는 것도 바람직하지 않다. 미국의 32번째 대통령 루스벨트가 경제 공황을 타개하려고 추진한 '뉴딜 정책'도 한국어 표현만 보면 동어 반복이다. '뉴딜'(New Deal)이 '새 정책'이란 뜻이기 때문이다. 그렇지만 일반 한국어 독자에게는 '뉴딜 정책'이 더 낫다. 고유 명칭인 '뉴딜'이라고만 옮기려면 원어를 병기해야 하고 'Deal'이란 영어의 뜻을 독자가 안다는 조건이 필요하지만, '뉴딜 정책'이라고 동어 반복을 감수하면 한글 표기만으로 일반 한국어 독자에게 무난하게 받아들여질 수 있기 때문이다. 프랑크 제국의 카롤루스 대제는 '샤를마뉴 대제'라고 불리기도 하는데, 프랑스어 '마뉴'가 위대하다는 뜻이라서 그렇게 표현하면 동어 반복이다. 그렇지만 일반 한국어 독자에게 '마뉴'는 낯선 말이므로 동어 반복을 기꺼이 감수할 가치가 있다. 원문이 대상을 칭송하는 맥락이 아니라면 동어 반복도 피하고 객관성도 살려 '프랑크 제국의 황제 샤를'이라고 옮겨도 괜찮다. 원문에 '베수비우스의 폭발'이라고 나와도 번역문에는 '베수비우스 화산의 폭발'이라고 동어 반복 표현을 쓰는 게 나을 때가 있다. '티그리스가 선사한 축복'은 '티그리스 강이 선사한 축복'이라고 옮기는 편이 더 자연스러울 때가 있다. 한국어에는 고유 명사나 고유 명칭을 구별하는 장치가 따로 없다. 첫 글자를 대문자로 표기할 수도 없기 때문에 오로지 문맥으로 전달해야 하는데 이때 생산적 동어 반복이 그 역할을 수행할 것이다.

　호메로스는 무사(Mousa)에게 마음을 빼앗겼다.

　그리스어 '무사'는 시나 학예를 관장하는 9자매 여신을 가리키는 '무사이'(Mousai)의 단수형인데, 일반 독자에게 친숙하지 않을 것이라고 판단하면 비슷한 뜻을 지닌 말을 겹쳐 써도 괜찮다.

　호메로스는 시의 여신 무사에게 마음을 빼앗겼다.

　다음은 한자어와 고유어를 일부러 나란히 겹쳐 씀으로써 한자어끼리 쓰거나 고유어끼리 쓸 때보다 더 나은 효과를 거둔 번역 사례다.

　서울 지하철 3호선 경복궁역 안에 돌로 만든 해시계(仰釜日晷, 앙부일구) 모형이 있는데 돌 받침대에 '해시계'라고 이름표가 붙어 있다. 그런데 해시계 모형을 지나 경복궁 쪽 출구로 나가다 보면 국립고궁박물관에서 벽에 내건 안내판에 똑같이 생긴 앙부일구 사진을 '오목해시계'라는 제목으로 소개하고 있다.

　'앙부일구'를 곧이곧대로 옮기면 '뚜껑을 연 솥단지 모양 해시계'다. 저 번역자는 직역을 한 다음에 독자 맥락에 맞게 적절히 의역하는 데 성공했다. 앙부라는 어려운 한자어가 오목이라는 쉬운 고유어로 잘 번역되었다. 한자어는 한자어끼리 고유어는 고유어끼리 붙여서 말을 만드는 게 원칙이지만 균형을 깨고서라도 둘을 조합하는 게 뜻을 잘 전달하는 데 유리하면 허용해도 괜찮다.

고유어 조합인 '두 쪽' 대신 뜻을 분명하게 나타내려고 한자어와 고유어 조합인 '양쪽'이라고 쓰는 게 좋을 때도 있다. 한자어 조합인 '갑상선'이나 '전립선'을 한자어와 고유어를 조합한 '갑상샘'이나 '전립샘'으로 바꾸면 뜻이 더 잘 드러난다. '선'이라는 한글 표기만 보면 독자는 샘솟는 '샘'(腺)이 아닌 선로나 직선의 그 '선'(線)을 떠올릴 수도 있기 때문이다. 림프(Lymph)의 한자 음역어인 '임파선'(淋巴腺)을 '림프샘'으로 고쳐 쓴 것도 좋다. 몸의 조직 사이에 채워진 림프가 액체라는 걸 더 잘 드러내기 때문이다. '淋巴'는 중국어 발음으로 림프에 가깝게 표기한 것인데 아무 맥락도 없이 한국에서 읽는 한자 발음으로 옮겨 '임파'라고 표기한 건 우스꽝스럽다.

어떤 경우든 대원칙을 벗어나선 안 된다. 직역이든 의역이든 의도적 오역이든 원뜻을 잘 살리는 것이 변치 않는 전제요 목적이다.

고유 명칭을 처리하는 방식에서 번역자마다 의견 차이가 자주 생긴다. 히스클리프가 등장하는 에밀리 브론테의 소설 'Wuthering Heights'를 '폭풍의 언덕'이라고 옮겨야 하는가

'워더링 하이츠'라고 옮겨야 하는가. '하이츠'는 언덕이 아니라 저택이며 '워더링 하이츠'가 고유 명칭이라서 뜻을 따로 옮기는 게 부적절하다는 의견이 중론인데 나는 '폭풍의 언덕'이나 '폭풍 치는 언덕'도 한국어 독자에게는 괜찮은 제목이라고 생각한다. 저택 이름도 그런 배경에서 나왔기 때문이다. 춘천 시내에서 소양댐 쪽으로 가다 보면 '콧구멍 다리'가 있다. '세월교'라고도 불리는 이 다리를 멀리서 보면 콧구멍 같다. 가령 한국 작가가 '콧구멍 다리'라는 소설을 발표한 다음 영어 번역본을 낸다면 'Kokumeong'이라는 이름을 고집할 게 아니라 'Nostrils'처럼 콧구멍을 가리키는 영어 표현을 제목으로 쓰는 것도 좋을 것이다. 그걸 오역이라고 단정하는 건 너무 야박하다. 셰익스피어의 희곡 『템페스트』(The Tempest)는 정관사가 붙든 말든 한국 독자를 위해 '폭풍'이나 '폭풍우'라고 옮기는 게 맥락상 더 낫다. 프로스페로가 일으킨 그 폭풍도 폭풍이기 때문이다.

> 르네상스를 역사 용어로 탄생시킨 인물은 19세기 프랑스 역사가 쥘 미슐레이다.

위 문장의 술어를 '쥘 미슐레-이다'라고 끊어야 할까 '쥘 미슐레이-다'라고 끊어 읽어야 할까. 독자를 헷갈리게 만들면 좋은 표현이 아니다. 독자에게 제대로 정보를 전달하려면

'쥘 미슐레'라고 이름에 작은따옴표를 치든가 '쥘 미슐레다'라고 쓰면 된다. 받침이 없는 말 다음에는 아예 '-이-'를 생략하는 게 혼동의 소지를 막는다. '-(이)라는'과 '-(이)라고'는 인용할 때 쓰거나 앞말과 뒷말의 격이 같다는 걸 나타내려고 쓰는 표현인데 사람 이름이나 작품 이름을 소개할 때 이것을 지나치게 자주 쓰면 자칫 건방져 보이거나 문장이 지저분해진다. '아돌프 베네라는 독일 건축 비평가는'이라고 쓰는 저자는 독자가 '아돌프 베네'를 모른다는 점을 전제한다. 이 구절은 '셰익스피어라는 영국 극작가'와 구조가 같다. 그런데 아돌프 베네와 달리 셰익스피어를 그렇게 소개하는 건 자연스럽지 않은 것 같다. 웬만한 독자라면 셰익스피어를 알기 때문이다. 저자가 거론하는 명칭에 대해 독자가 알지 모를지 어떻게 판단할 수 있을까? 판단 못 한다. 그러니 주관적으로 표현하지 않고 객관적으로 쓰면 아무 문제가 되지 않는다. 독자의 몫을 빼앗지 말자. 객관적으로 '독일 건축 비평가 아돌프 베네'라고 쓰면 되고, '영국 극작가 셰익스피어'라고 쓰면 충분하다. '토르데시야스라는 스페인의 작은 도시'라 쓰지 말고 '스페인의 작은 도시 토르데시야스'라고 쓰자. '-라는' 안에 깃든 노파심을 떨쳐 내라. 보여 주어라. 그것으로 충분하다. 훈계하거나 해설하려고 마음먹는 순간 문장은 설득력을 잃는다.

3. 오역의 조건

오역은 섣부른 추측, 과장이나 축소, 오해에서 일어난다. 건강 정보를 전하는 라디오 프로그램에서 진행자가 전화로 의사와 이런저런 이야기를 나누었는데, 의사가 사용하는 '대증 요법'(對症療法)이라는 말을 진행자가 줄곧 '대중 요법'이라고 발음하여 듣기에 무척 거북했다. 작가가 대본에 대중 요법이라고 쓰진 않았을 것 같고, 진행자가 자신에게 친숙한 말인 '대중'으로 넘겨짚은 것 같다. 나 역시 지금 그 진행자의 의중을 넘겨짚고 있다. 진상이야 알 수 없지만 진행자가 '대증 요법'이란 말을 모른 건 분명하다.

식중독 사건 뉴스가 나올 때마다 함께 등장하는 의학 용어가 '역학 조사'인데 나는 이 말을 처음 듣고 '역'이 거스를 역(逆) 자일 거라 추측했다. 거꾸로 거슬러 올라가며 발병 과정을 추적하는 조사일 거라고 넘겨짚었는데 그게 아니라 역병

(疫病)을 가리키는 말이었다.

선부른 추측이 초래하는 결과는 대개 좋지 않았다. 2011
년에 목포 유달산 공원에 놀러 간 적이 있다. 산 중턱에 「목
포의 눈물」을 부른 가수 이난영 노래비가 있다. 노래비에는
1935년 음반을 처음 낼 당시 노랫말과 1965년 이후 바뀐 노
랫말이 나란히 새겨져 있다.

> **1935년 취입 당시** 삼백연 원안풍(三栢淵願安風)은 로적봉 밋
> 헤…
> **1965년 이후** 삼백 년 원한 품은 노적봉 밑에…

바뀐 가사를 보며 나는 원래 가사를 부르기 편한 대로 고
쳐 버린 사람들의 무성의함과 천박함을 나무랐다. 아마도
측백나무 세 그루가 있는 연못에 부는 산들바람을 표현한 듯
한 '삼백연 원안풍'을 원래 가사 그대로 불러야 하는데 그저
대강 들리는 대로 '삼백 년 원한 품은'이라고 함부로 추측하
는 건 창작자에게 누를 끼치는 일 아닌가. 교양 있는 사람들
이 두루 쓰는 현대 서울말인 표준어의 환경이 점차 오염되
는 것과 무척 비슷해 보였다. 좋은 소재다 싶어 잡지에 이 이
야기를 신기로 결정했다. 초고를 다 쓰고 퇴고하면서 정보가
믿을 만한지 확인하다가 아뿔싸, 내 생각이 짧았다는 걸 알
게 되었다.

「목포의 눈물」은 임진왜란 시기까지 올라가야 그 의미를 드러낸다. 충무공 이순신은 수가 적은 아군 병력으로 대부대인 왜구를 막아 내기 위해 묘안을 냈다. 쌀을 쌓아 놓은 거대한 노적을 닮은 유달산 봉우리를 군량미 더미처럼 위장하고 횟가루를 영산강에 풀어 왜군으로 하여금 쌀뜨물로 착각하게 만들었다. 조선 수군 병력이 진지에 가득 집결한 것처럼 속여 왜구의 침입을 막아 냈다. 충무공은 정유재란 때 노량해전에서 숨을 거두었다. 삼백 년 후 조선에는 일제 강점이라는 비극이 시작되었다. 그 슬픈 역사를 애절한 목소리로 전한 가수가 이난영이다. 일제는 이 노래를 지은 작사가를 소환해 취조했는데 검열을 피하려고 작사가는 해당 구절이 건전한 내용을 지닌 '삼백연 원안풍'이라고 주장했고 검열을 통과한 공식 가사도 그렇게 확정됐다. 그렇지만 조선 사람 어느 누구도 그 대목을 '삼백연 원안풍'으로 듣거나 부르지 않았다. 갖은 악조건을 딛고 노래 창작자와 청중은 의사소통을 온전하게 완수했다.

좋은 번역자는 섣불리 단정하지 않는다. 좋지 않은 태도와 좋은 태도를 비교해 보려고 아래 두 문장을 꾸며 보았다.

1) 『성경』에 부자가 천국에 가는 것이 낙타가 바늘귀 통과하는 일보다 어렵다고 나온다고 하는데 낙타와 바늘귀라니, 뜬금없는 엉터리 문장이군.

2)『신약 성서』「마태복음」제19장 제24절에 "낙타가 바늘귀로 들어가는 것이 부자가 하나님의 나라에 들어가는 것보다 쉬우니라"라고 적혀 있는데요, 인터넷으로 찾아보니 최초 기록은 낙타가 아니라 동아줄이라는 이야기가 있더군요. 두 단어의 연관성이 더 자연스러운 것 같은데 여기서 낙타는 오역일까요?

번역자가 자기 깜냥껏 단정해 버리면 아무도 그를 도울 수 없다. 번역자가 겸손하게 배우는 자세로 임하면 그 길을 앞서 갔던 여러 번역자들이 그를 도와줄 것이다. 배우려는 욕구만큼이나 가르치려는 욕구도 크기 때문이다. 자기 수준과 궁금증을 드러내면 전문 지식을 갖고 있는 사람이 저 건너편에서 조언해 줄 것이다.

지적하신 것처럼 낙타가 들어갈 자리에 원래 밧줄이 있었다는 설이 있습니다. 예수가 쓰던 아람어와 신약을 기록한 공통 그리스어 모두 낙타와 밧줄에 해당하는 말이 철자도 발음도 비슷합니다. 당시 사람들이 쓰던 아람어는 낙타를 가리키는 말과 밧줄을 가리키는 말의 발음이 아주 비슷했습니다. 공교롭게도 그 이후 공통 그리스어로 기록될 때도 두 단어의 철자가 비슷했습니다. 구술되거나 필사되는 과정에서 빚어진 착오일 가능성이 있습니다. 그런데 다른 설도 있습니다. 바늘귀가 실제 바늘을 가리키는 것이 아니라 당시 사람들이 드나들던 좁은 쪽문을 가리키는 별명이었다는 견해입니다. 당시 팔레스타인 성곽에는 야간 통행로로 쓰던 낮고 좁은 문이 있었는데 사람들이 이 문을 바늘귀라고 불렀습니다. 사람이 허리를 구부려야 겨우 지날 수 있으니 낙타는 어림없지요. 두 견해는 다르지만 탐욕스럽지 않게 살아야 좋게 살 수 있고 그래야 구원받을 수 있다는 주제는 동일하지요.

다른 이가 표현한 대상을 어렴풋하게 이해할 수 있기는 한데 구체물이 떠오르지는 않는다면 대강 단정 짓지 말고 되물어라. 좀 알 것 같다는 말은 여전히 모른다는 말과 동의어다. 조금 알 듯한 걸 확실히 아는 게 수준 높은 번역 단계로 올라서는 길이다. 몰라서 묻는 건 잠깐 창피할지 몰라도 결코 부끄러운 일이 아니다. 모르고서 안다고 착각하는 게 부끄러운 짓이다. 비슷해 보인다고 그냥 넘어가면 안 된다. 일본어 번역자들은 번역 대상이 어렴풋하면 야후 이미지 검색을 자주 활용한다고 하는데, 나도 어떤 단어를 검색하다가 도무지 갈피가 잡히지 않으면 인터넷 이미지 검색을 쓴다.

어떤 울타리인지 머릿속에 이미지가 떠올라야 번역이 가능하다.

— 유은경, 『소설 번역 이렇게 하자』, 향연, 2011년, 25쪽

추상적으로 무작정 번역하지 마라. 그건 번역이라기보다 추측에 가까우므로 오역에 빠지기 십상일 것이다. 화폐를 비롯해 도량형을 원문 맥락과 독자 맥락을 두루 고려해 적절하게 번역하는 건 아주 어려운 작업인데 위 책에 그 해결법이 간결하게 제시돼 있다.

> 과거의 화폐를 일관성 있게 현재의 원화 가치로 환산하는 일은 쉽지 않다. 문맥상 불가능한 경우도 있고, 무엇보다 '원'이라고 자국화 번역을 해 버리면 일본 작품이란 느낌이 들지 않는다. 일본의 화폐 단위는 그대로 쓰되 작가의 의도가 무엇인지를 살려 그 가치의 크고 작음에 비중을 두는 번역을 권하고 싶다. 여기서의 '3센'이나 '1센 5린'은 몇 푼 안 된다는 느낌이 강하다. '기껏해야 고작'(『민중사전』)의 의미를 가진 '겨우'라든지 '~밖에 안 된다'는 표현으로 그런 느낌만 살려 주면 된다고 생각한다. — 같은 책, 66쪽

일반 독자는 원문의 도량형 단위를 읽으며 규모가 어느 정도인지 감을 잡고자 하는 거지 실제 수치 정보를 파악하려는 게 아니다. 이 단순한 사실을 잊으면 안 된다. 원래 단위를

살리는 게 가장 좋지만 억지스럽게 고집할 까닭은 없다. 원문 맥락이든 독자 맥락이든 이해하기 쉬운 쪽으로 번역 표현을 택하면 된다. 아래는 단위를 잘못 번역한 예다.

"그는 돼지처럼 땀을 흘렸고, 브랜디를 쿼트(1쿼트=0.946324리터) 단위로 마셨지."

— 레이먼드 챈들러(지음), 『깊은 잠』, 나무그늘, 2010년, 14쪽

쿼트라는 단위를 한국어 독자에게 리터 단위로 옮겨 역주를 단 건 좋으나, 소수점 여섯째 자리까지 환산한 건 과잉 해설이다. 말술을 마셨다는 분위기만 잘 전달하면 되므로 "브랜디를 리터 단위로 마셨지"라든가 "브랜디를 궤짝째 놓고 마셨지"라고 옮겨도 충분할 것이다.

노리스 집사는 나와 2피트(0.6096미터)쯤 떨어진 곳에서 멈춰 서서, 진지하게 말했다. — 같은 책, 21쪽

여기도 과잉 번역, 과잉 해설이다. "노리스 집사는 나와 두 걸음쯤 떨어진 곳에 멈춰 서서, 진지하게 말했다"라고 옮겨도 충분할 것이다.

추측과 오해 이야기로 다시 돌아오자. 영화 『호우시절』은 해외 유학 시절에 연인이었던 동하(정우성 분)와 메이(가오위

안위안 분)가 시간이 많이 흘러 재회하는 이야기를 그렸다. 이 영화를 재미있게 본 나는 두 사람이 재회하는 장면에서 대나무가 흔들리는 방향이 동하와 메이의 시선이 오가는 방향과 딱 들어맞는다며 글쓰기 강의에서 호들갑을 떨곤 했다. 그런데 이 책에 그 내용을 쓰려고 다시 확인해 보니 그런 장면이 없었다. 대숲이 바람에 흔들리는 장면도 있고, 동하와 메이가 웃으며 시선을 주고받는 장면도 있으나, 두 장면이 함께 나오는 건 아니었다. 인상적인 두 장면을 내 머릿속이 마음대로 연결한 것 같다. 기억은 각색을 좋아한다. 대한민국 18대 대선에 출마한 한 후보가 작가 윌리엄 깁슨의 말을 인용했다. "미래는 이미 와 있다. 단지 널리 퍼져 있지 않을 뿐이다." 깁슨의 대표작은 『뉴로맨서』인데 이 책을 읽은 나는 이 말이 당연히 그 작품에 나온 거라고 단정했다. 글쓰기 강의에서도 더러 이 이야기를 했는데 혹시나 하고 확인해 보았더니 소설에 나온 문장이 아니라 깁슨이 라디오 대담에서 말한 내용이었다.

나는 아무것도 바라지 않는다.
나는 아무것도 두려워하지 않는다.
나는 자유다.
― 니코스 카잔차스키

트위터에 이 글이 전파되는 것을 보았다. 저 사람의 묘비에 새겨진 문구라고 한다. 근사한 문구 같기도 하다. 그런데 출처가 믿을 만한가? 잘 모르겠다면 그 글을 다른 이에게 전달하지 마라. 『그리스인 조르바』의 작가 이름은 니코스 카잔차스키가 아니라 카잔차키스다. 구글에 '카잔차스키'에 관한 한국어 문서가 2천 건 가까이 검색되는 건 출처 확인에는 관심이 없고 그저 자기 입에 더 쉽게 발음되는 말이 진짜라고 착각하는 무모한 사람들 탓일 것이다. 예컨대, 『눈먼 자들의 도시』를 쓴 작가 이름은 주제 사라마구(José Saramago)인데도 구글에는 '사마라구'에 관한 문서가 훨씬 많이 검색된다. 소포클레스의 비극 『안티고네』의 마지막 문장에는 오만한 자의 호언장담이 결국 화를 부른다는 경고 메시지가 담겨 있다. 어설픈 지식이 오만을 낳는다. 뭔가 좀 알 것 같고 자신감이 싹틀 무렵이 교양을 쌓는 이에게 무척 위험한 시기다. 이때 오만하게 설치면 필화에 휘말리게 된다. 기억과 추측에 의존하지 말고 기록에 의지하여 추론하라.

내 아내는 출산 예정일이 다가올 무렵 산부인과에서 운영하는 아기 옷 만들기 수업에 일주일에 두 번씩 갔는데, 반짇고리를 빠뜨리고 왔다며 화장대 위에 놓인 연두색 지갑을 가져다 달라고 내게 부탁한 적이 있다. 착한 남편인 나는 평소처럼 일단 알았다고 대답한 다음 열심히 찾아볼 수도 있었겠지만 마침 이 책을 쓰고 있었기에 이왕이면 더 낫게 의사소통하는 방법이 없는지 잠시 궁리했다. 나는 이렇게 되물었다. "어떤 지갑을 말하는 거지? 자세히 좀 설명해 줘요." "아, 푹신푹신한 누비 지갑 있잖아, 휴대 전화도 넣고 다니고 하는 거. 지난번에 차에 놓고 온 거 당신이 가져왔잖아요." 그제야 머릿속에 실물이 떠올랐다. 지갑은 화장대 위에 없고 서랍 안에 있었다. 구체적 모습을 떠올리지 않은 채 무턱대고 찾아보겠다고 답했다면 아마도 소파 위에 놓인 초록색 지갑을 가져갔을 확률이 높다. 그러면 아내는 그것도 하나 제대로 못 찾아오느냐며 짜증이 날 것이다. 착한 여자이기에 대놓고 화는 못 내고 속으로 삭이지만 그럼에도 겉으로 버젓이 드러나는 여자의 짜증 어린 표정을 본 남자는 수고한 대가를 고작 그런 낯으로 갚느냐며 속이 상할 것이다. 그렇지만 더 묻고 확인했기에 의사소통을 무사히 마쳤다. '내가 알아서 할게' 같은 방식보다 그편이 나은 것 같다. 조금 더 알기 좋게 표현하려는 이와 더 잘 알려고 한 번 더 확인하려는 이가 만드는 적절한 의사소통, 내가 바라는 번역 이상향의 한 장면이다.

무심코 부풀리는 태도나 그래선 안 되는 줄 알면서도 늘렸다 줄였다 하는 번역 태도를 과장이라고 부른다. 왜곡은 대개 과장하는 태도에서 나오므로 먼저 과장하지 않는 습관을 들이는 게 중요하다.

4시에 모이기로 약속했는데 만나기로 한 사람은 약속 시각을 30분이나 넘기고도 아무 연락이 없다. 전화를 걸었다. "지금 어디십니까?" 저쪽에서 답한다. "거의 다 왔습니다. 금방 가겠습니다." 이런 식으로 대답하는 사람 중에 금방 오는 사람 없다. 평소 생활 태도가 그렇기 때문이다. 탓하려고 물은 게 아니라 내가 시간을 허비하지 않으려 물어본 건데 말이다. 서울역이라고 정직하게 답해 주면 나는 가까운 찻집에 가서 느긋하게 메모라도 정리할 수 있었을 것이다. 막막하게 기다리다 5시가 돼서야 그 사람을 만났다. 번역하면서 나도 그런 잘못을 저지른 적이 있다. 아직 한참 남았으면서 잘 진행되고 있는 것처럼 통보하기, 그래서 결국 번역 마감 일정 못 지키고 한없이 늘어지기, 끝까지 물고 늘어지지 않고 대강 포기하고 넘어가기. 이런 게 번역자에게 침투하는 못된 질병이다. 이 책은 더 성실하지 못했던 그 시절 내 번역 태도와 내가 저지른 무수한 오역에 대한 긴 반성문이다.

대충 이해하여 대충 옮긴 번역을 대충 읽고 대충 해석하면 저자와 독자 사이의 거리는 대충 얼마나 멀어질까. 라디오 방송에 나온 어느 경제 분석가가 이렇게 말했다. "그걸 기업이 부담하려면 8천억 원, 그러니까 약 1조 원이 듭니다." 깜짝 놀랐다. 저 '약'이 생략해 버린 8천억과 1조 사이의 거리는 얼마나 될까.

8천억 원+200,000,000,000원=1조 원

그리 가까운 거리는 아닌 것 같다.

3년간 아이들에게 샌드위치 천 개를 만들어 준 아빠가 있다. 놀라운 건 샌드위치를 만들고 나서 여러 양념으로 빵 위에 그림까지 그리는 지극정성을 보였다는 점이다. 여러 매체의 '인터넷 토픽난'과 여러 인터넷 게시판에 이 이야기가 실렸다. 궁금하여 그 사람의 블로그에 가 보았더니 역시 그 내용이 실려 있었다. 실제 이야기는 국내에서 퍼지는 내용과 사뭇 달랐다. 이런 구절이 있다.

원문 I'm the dad that draws on sandwich bags.

번역 제가 샌드위치 포장지에 그림을 그리는 아빠입니다.

남자는 빵에 양념으로 그림을 그리는 게 아니라 보관용 비닐 포장 봉투에 펜으로 그렸다. 소문이 입과 입을 거치면서 조금씩 부풀려지듯 더 재미있게 표현하고 싶은 기자의 욕심이 사실을 왜곡한 것이다. 이 기자가 거창한 시국 사건 기사는 왜곡 없이 잘 쓸까? 그럴 리 없다. 우리가 사실 정보를 토대로 글을 쓰거나 번역하고자 할 때 이런 작은 유혹도 참아내지 못하면 큰 유혹에는 금세 넘어갈 것이며, 저질 글만 쓰며 인생을 허비하게 될 것이다.

베이징 올림픽에서 금메달을 딴 여자 양궁 대표팀이 청와대에서 대통령과 점심 식사를 할 예정이었다. 포털 사이트

첫 화면에 뉴스가 떴다. 「양궁 대표팀, 12시에 청와대에서 대통령과 오찬 가져」. 이 기사가 송고된 시각은 11시 30분경이었다. 이 정도는 애교로 봐줄 수 있다. 일본에서 열렸던 동아시아 축구 대회에서 한국과 홍콩이 맞붙었다. 사람들은 한국이 당연히 큰 점수 차로 이길 거라고 예상했다. 예상대로 한국은 4대0으로 앞선 채 전반 경기를 끝냈다. 문화방송이 여기서 사고를 쳤다. "홍콩을 대파한 여세를 몰아 중국의 만리장성도 넘자." 후반전이 남은 중간 휴식 시간에 이런 광고 영상이 나왔다. 스스로 저질이라고 선언한 셈이다.

헌법을 바꾸려면 국회 재적 의원 3분의 2 이상이 찬성해야 한다. 1954년에 재적 의원수는 203명이었는데 3분의 2는 약 135.3이므로 적어도 136명이 찬성해야 헌법을 바꿀 수 있다. 표결 결과는 찬성 135표였다. 대통령은 대한수학회 회장을 꾀어 소수점 이하는 반올림 처리하는 것이 상례이니 203의 3분의 2는 135가 맞다고 발표하도록 지시했다. 이런 걸 아전인수 또는 왜곡이라고 부른다. 이 사건이 일어난 이후 죄 없는 산수 용어인 '사사오입'은 꼼수를 뜻하는 욕이 됐다.

전체 맥락을 고려하지 않고 필요한 부분만 잘라 쓰는 단장취의(斷章取義) 역시 왜곡을 부르는 주된 방법이다. 국어 연구자 이성복은 이렇게 말했다. "한자를 많이 알아야 한다. 그래야 한자어를 덜 쓸 수 있다." 여기서 한자를 많이 알아야 한다는 앞 문장은 한자어를 덜 쓸 수 있다는 뒤 문장의 조건인데 뒤 문장을 빼고 앞 문장만 인용하면 자칫 '한자 공부 많이 해서 한자 많이 쓰라'는 반대 뜻으로 전달될 수 있다.

앙토넹 질베르 세르티양주가 지은 『공부하는 삶』에 이런 구절이 나온다. "공부하는 사람은 공부로 먹고살 권리가 있다. 그러나 결코 돈을 위해 사유하거나 글을 써서는 안 된다." 어떤 이가 뒤 문장을 잘라 내고 앞 문장만 떼어 내어 "공부하는 사람은 공부로 먹고살 권리가 있다"만 강조한다면 작가의 의도는 훼손될 것이다. 이런 문장도 있다. "적게 읽어라. 끊임없이 쏟아지는 뉴스의 습격에 맞서 자기 자신을 지켜라. 자신이 추구하는 목표와 관련이 있는 것만 읽어라." 앞 문장만 남기고 나머지를 숨긴다면 문장의 원뜻에 어긋날 것이다.

스티븐 제이 굴드의 『풀하우스』(이명희 역) 23쪽에 맥락을 무시하면 어떤 오해가 빚어지는지 설명하는 대목이 나온다.

> 일등 항해사를 싫어했던 한 선장이 모종의 사건 이후 '일등 항해사가 오늘 술에 취했다'고 항해 일지에 적었다. 그 항해사는 전에는 한 번도 그랬던 적이 없기 때문에, 자신의 고용에 문제가 생길 것을 우려하여 선장에게 그 문구를 삭제해 달라고 애걸했지만 거절당했다. 그러자 항해사는 다음 날 일지를 쓰면서 '선장은 오늘 취하지 않았다'고 기록했다.

문장 자체로 논리 모순이 없다 해도 앞뒤 맥락을 보살피지 않고 마구 쓰는 건 오역을 양산하는 무척 위험한 태도다.

4장 **문장 다듬기**

1. 오류 줄이기

문장 오류를 검토하려면 주술 관계와 호응 관계를 잘 살펴야 한다. 주술 관계부터 살펴보자.

앞으로 몇 년간 내가 할 일은 푸코의 두 가지 담론을 연구할 것이다.

주어인 '내가 할 일'과 술어인 '연구할 것이다'가 어울리지 않는다. '할 일은 ~이다'처럼 쓰든가 '나는 ~을 연구할 것이다'라고 써야 한다.

앞으로 몇 년간 내가 할 일은 푸코의 두 가지 담론을 연구하는 것이다.
앞으로 몇 년간 나는 푸코의 두 가지 담론을 연구하려고 한다.

다음 문장도 앞 절의 주어와 뒤 절의 주어가 달라 문장이
어색하다.

우연히 학습 상담사 과정에 대해 알게 되었고, 수강을
하면서 강의에 대한 만족감이 가슴에 전해 오는 수업이
었다.

두 절 모두 주어를 '나'로 통일하여 다음처럼 고쳐야 한다.

우연히 학습 상담사 과정을 알게 되었는데 수업 내용이
무척 만족스러웠다.

다음 문장도 앞 절의 주어와 뒤 절의 주어가 다르다.

3교시에는 상담에 필요한 이론과 기법에 대해서 교육하
였는데 무엇보다도 상담에 필요한 것은 인간에 대한 관
심에서부터 시작되어야 한다는 것을 배웠다.

앞 절의 주어는 '교육하는' 주체인데 뒤 절의 주어는 '배우
는' 주체라서 균형이 깨졌다. 다음처럼 고치면 좋겠다.

3교시에는 상담에 필요한 이론과 기법을 배웠다. 상담에서 무엇보다 중요한 것은 인간에 대한 관심에서 시작해야 한다는 점이다.

이 정도는 신경 써서 읽기만 하면 오류를 쉽게 찾아 바로잡을 수 있다. 다음 문장은 어떨까?

1) 사회가 더 공정해졌으면 하는 마음입니다.
2) 정부는 2013년부터 한글날을 공휴일로 다시 지정할 방침입니다.
3) 내일은 비가 올 전망입니다.

위 세 문장도 주술 관계가 적절하지 않다. 주술 구조만 보면 1번 문장은 생략된 주어인 '나'와 술어인 '마음입니다'가 호응하지 않고, 2번 문장은 주어인 '정부'와 술어인 '방침입니다'가 제대로 호응하지 않으며, 3번 문장 역시 동사를 써야 할 자리에 명사인 '전망'을 써서 문장이 어색해졌다. 바로잡은 아래 문장과 비교해 보라.

1) 사회가 더 공정해지기를 바라는 게 제 마음입니다. (허용)
사회가 더 공정해졌으면 하는 마음이 듭니다. (허용)

사회가 더 공정해지기를 바랍니다. (권장)

2) 정부는 2013년부터 한글날을 공휴일로 다시 지정하기로 방침을 세웠습니다.

3) 내일은 비가 올 것이라 전망합니다.

"날씨가 추울 것 같았는데 의외로 포근한 느낌이라 가벼운 차림으로 집을 나섰다"라는 문장도 어색하다. 명사인 '느낌'을 술어로 쓰는 건 좋지 않으며, 굳이 쓰려면 '~하는 것'이라는 주어가 필요하기 때문이다. "날씨가 추울 것 같았는데 의외로 포근해서 가벼운 차림으로 집을 나섰다"라고 써야 자연스럽다. "독자를 만족시키기 위해서 가독성을 높이는 글재주가 필요하다는 생각이다"라고 써도 안 된다. "독자를 만족시키려면 가독성을 높이는 글재주가 필요하다고 생각한다"라고 써야 옳다.

주술 관계를 오류 없이 고친 다음에는 관형어나 부사어가 뒷말이나 문장을 제대로 꾸미는지 살펴보아야 한다. '굉장'(宏壯)이라는 말은 진시황의 무덤이나 피라미드처럼 규모가 어마어마하게 크거나 으리으리하다는 뜻을 지녔는데, 원래 뜻과 다르게 강조하는 맥락 아무 데서나 마구 쓰인다.

무게도 꽤 나가지만 일반 프린터에 비해선 굉장히 작은 사이즈다.

'굉장히 작은'은 의미 모순이므로 무척 어색하다. 가령 거인국의 여인도 아닌데 '굉장한 미인'이라고 표현하면 안 된다. 다음처럼 고치면 어떨까?

꽤 무겁지만 일반 인쇄기에 비해 크기는 무척 작다.

'크게 일조하다' 같은 표현도 마찬가지다. '일조'(一助)는 '조금 돕는다'는 겸손한 표현이므로 '크게'와 어울리지 않는다.

상식이 통하는 한국 사회가 되도록 하는 데 크게 일조하고 싶습니다.

위 문장에서 '크게'만 빼면 논리 모순은 없어지지만 '상식이 통하는 사회'란 개념이 너무 넓고 모호하므로 문장이 썩 좋진 않다.

다음 문장에서 함께 쓰면 안 되는 용어를 찾아보라.

한국 16강 상대, 사실상 콜롬비아로 확정
— 『연합뉴스』, 2013년 6월 29일자

한국의 16강 상대가 확정되었거나, 확정되지 않았거나 둘 중 하나일 것이다. 확정되지 않았는데 확정이라는 말을 쓰면 안 되고, 확정됐다면 '사실상'을 쓸 까닭이 없다.

콜롬비아로 확정
콜롬비아가 될 확률이 매우 높아

아래 문장에서도 두 용어가 충돌한다.

메시 선수가 오늘은 부진한 활약을 펼쳤다.

'부진한 활약'은 앞뒤가 안 맞는 표현이다. 부진한 건 활약이 아니기 때문이다. '항상 ~하곤 했다'나 '확실히 ~인 듯하다' 같은 표현도 단정하는 말과 추측하는 말이 지저분하게 덧붙은 탓에 뜻이 뭉개져 버렸다. 서울 지하철 3호선에서 본 다음 문장에 호응이 자연스럽지 않은 부분이 있다.

자전거 휴대 승차 시 출입문 끼임 등의 안전사고 예방에 각별히 주의하여 주십시오.
→ 자전거를 실을 때는 출입문에 끼이지 않도록 각별히 주의하십시오.

'예방'은 권장할 만한 것이니 주의하라고 적으면 어색하다. '안전사고'는 뜻이 반대인 '안전'과 '사고'가 합쳐진 이상한 합성어이므로 해당 분야 전문가들이 궁리하여 제대로 된 표현을 다시 제안하면 좋겠다.

'필요'는 반드시 있어야 한다는 뜻이므로 '좀'과 어울리지 않으므로 아래 문장의 '좀 필요'는 어색한 호응 관계다.

소셜 마케터는 디지털 기기에 대한 이해가 좀 필요합니다.
→ 소셜 마케터는 디지털 기기에 대한 지식을 꼭 갖추어야 합니다.

한자어와 고유어를 겹쳐 쓸 때 동어 반복이나 논리 모순이 발생하므로 주의해야 한다. '잘못 이용됐다'도 틀린 표현이다. '이용'(利用)은 '잘 쓴다'는 뜻이므로 앞에 '잘못'을 붙이면 '잘못 잘 쓰였다'가 돼 버린다. 뉴스에 자주 등장하는 '허위 사실 유포'라는 표현은 '허위'가 정반대 뜻인 '사실'을 꾸미고 있으므로 '거짓 유포'라고 고쳐 써야 옳다.

아래는 뉴스 진행자들이 끝인사로 자주 쓰는 표현인데 틀린 부분이 있다.

지금까지 이강룡이었습니다.

맞는 표현은 다음과 같다.

지금까지 이강룡이 전해 드렸습니다.

이강룡은 예전에도 이강룡, 지금도 이강룡, 앞으로도 이강룡이다. '저는 지금까지 이강룡이었습니다. 오늘 개명 신청 절차가 끝나 이제부터 이소룡입니다.' 이럴 때나 맞다. 과거를 드러내는 '-았/었-'을 쓸데없이 넣어도 안 된다.

1차 대전 승전국이었던 이탈리아
→ 1차 대전 승전국인 이탈리아

한국의 초대 대통령이었던 이승만
→ 한국의 초대 대통령인 이승만

용어와 표현의 일관성을 지키는 일은 매우 중요하다. 역사책을 번역하면서 앞부분에 '오스만 제국'이라고 옮겨 놓고 뒤에서 '오스만튀르크 제국'이라고 쓰면 안 된다. '코란'이라는 영어식 표기 대신 원어에 충실하게 '꾸란'이라고 잘 옮겨 놓고서 정작 이슬람의 선지자 '무함마드'를 출처가 분명치 않은 서구식 표기인 '마호메트'라고 옮기면 곤란하다.

아래처럼 주관적인 사항을 객관적인 사실처럼 기술하면

문장은 설득력을 잃는다.

신이 최초로 창조한 사람들이며 유일하게 진실한 인간인
참사람 부족은 지구에서 더 이상 살 수 없음을 절감했다.
→ 신이 최초로 창조한 사람들이며 유일하게 진실한 인
간이라고 자처하는 참사람 부족은 자신들이 지구에서 더
이상 살 수 없음을 절감했다.

간혹 글쓴이가 자신을 가리켜 '필자'라고 적는 이들이 있는
데 그러면 안 된다.

필자는 그때 새로운 깨달음을 얻고 열심히 인문학 책을
읽었다.
→ 나는 그때 새로운 깨달음을 얻고 열심히 인문학 책을
읽었다.

원문에 'I argue that~'이라는 구절이 있다면 '나는 ~라고
주장한다'라고 옮겨야지 '필자는 ~라고 주장한다'라고 옮겨
선 안 된다. 필자는 3인칭 표현이라서 자신에게 쓰지 않는 편
이 좋고, 글쓴이가 자신임을 굳이 밝히고자 하면 '필자인 나
는'이라고 써야 한다. 객관적으로 표현해야 할 구절을 주관
적으로 표현해도 안 된다.

보고서처럼 논리성과 객관성을 드러내야 하는 글에서는
나의 감정은 배제해야 한다.

감정을 배제해야 할 사람은 이 글을 쓰는 사람이 아니라
글 쓰는 사람 일반이므로 주체를 '나'라고 표현하면 안 된다.
다음처럼 고치자.

보고서처럼 논리성과 객관성을 드러내야 하는 글에서 자
기감정을 표출하면 곤란하다.

아래 문장의 '내'도 잘못 쓰였다.

사주팔자란 내가 태어난 순간의 육십갑자로 나타낸 것이다.

'내가'라고 쓰면 글쓴이 본인만 가리키므로 사람을 통칭하
는 표현으로 고쳐야 한다.

사주팔자는 자신이 태어난 순간의 육십갑자로 나타난다.
사주팔자는 사람이 태어난 순간의 육십갑자로 나타난다.

좋은 글에 대해 정의를 내려 달라는 수강생의 질문에 나는
때로 이렇게 대답한다. "나쁘지 않은 글이 좋은 글입니다."

번역 이론 연구자인 피터 뉴마크(Peter Newmark)는 『번역 교과서』(A Textbook of Translation)에 이렇게 적었다. "번역은 사랑과 비슷하다. 무엇이 사랑인지 아는 건 어렵다. 그러나 무엇이 사랑이 아닌지 아는 건 어렵지 않다."(translation is like love; I do not know what it is, but I think I know–what is not.) 좋은 필자, 공부하는 성실한 번역자가 되려면 적극적으로 뭔가 되려고 목표를 세우기보다 나쁜 걸 줄여 나가는 식으로 공부 태도를 정하는 편이 낫다. 오류를 줄여 나가면서 훌륭한 번역과 참다운 지식에 가까이 가고자 하는 겸손한 태도가 그 반대 방법보다 나은 것 같다.

2. 군더더기 없애기

장 그르니에가 지은 『섬』에는 저자가 키우던 고양이 물루에 관한 이야기가 나온다. "고양이가 몸을 반쯤 편다면 그건 반쯤 펴야 하는 게 필요하기 때문이다." 미술 감상 교양서 『명화를 결정짓는 다섯 가지 힘』에서 저자 사이토 다카시는 독자더러 그림을 감상할 때 '부분 가리기' 방법을 써 보라고 권한다. 작품 안의 어떤 대상이 그림에서 빠져 있다고 상상해 본 다음 전체 구성에 큰 영향이 있을지 없을지 스스로 따져 보면 명작과 명작이 아닌 작품을 분별할 수 있다고 한다. 이 두 이야기에는 공통점이 있다. 비중이 크든 작든 구성 요소는 다 제 역할이 있어야 한다는 점이다. 뺄 게 있다면 빼는 게 옳다. 뺄 수 없다면 줄이는 게 좋다. 이것은 문장 작성 일반에 두루 적용되는 원칙이다. 아래 문장에서 군더더기를 빼보자.

공사를 진행함에 있어 사업 기간을 단축할 목적으로…

→ 공사 기간을 줄이려고…

현관은 집 안의 다른 공간에 비하면 신데렐라 신세나 마찬가지라는 생각이 든다.

→ 현관은 집에서 신데렐라 같은 신세다.

나는 번역문에 '나의'와 '너의' 대신 '내'와 '네'를 쓴다. 둘 다 맞는 표현이지만 읽고 쓰기에 더 깔끔하기 때문이다.

저의 → 제

나에게 → 내게

너에게 → 네게

저에게 → 제게

다음 문장에서 줄일 수 있는 부분이 있을까?

아름다운 것에 끌리는 것은 동물의 기본적 본능이다.

위 문장의 맥락이나 주장과 상관없이 단어 뜻만 보자면, '기본적 본능'은 '본능'이라고만 써도 충분하다. 동물의 본능은 생존의 필수 요소이기 때문이다. 고치면 다음처럼 된다.

아름다운 것에 끌리는 것은 동물의 본능이다.

요즘 사람들이 말이나 글에서 습관처럼 붙이는 '~ 같은 경우'도 쓸데없는 표현이다.

중국 같은 경우는 향후 안정된 성장을 하지 않을까 보여집니다.

─연합통신 라디오, 2013년 6월 3일 15시 50분경

'~ 같은 경우'는 그것이 아니라 그것과 비슷한 것을 두루 가리킬 때 사용한다. '여러분 중에 저 같은 경우를 당한 분들이 있나요?'처럼 쓴다. 버젓이 중국만 가리키는데 '중국 같은 경우'라고 쓰는 건 잘못이다. '보여진다'는 '보인다'로 고쳐야 맞는데, 피동형 표현인 '보인다'는 되도록 능동형으로 고쳐 쓰는 게 좋다. 그래야 뜻이 선명하게 드러난다. 다음처럼 고치면 어떨까?

중국 경제는 꾸준히 성장하리라 봅니다.

피동형 이야기가 나온 김에 잠깐 옆길로 새겠다. 피동형과 능동형의 뜻과 어감이 비슷하면 능동형을 쓰는 게 좋으며, 피동형을 겹쳐서 이른바 '이중 피동'으로 번역하는 일이 없

도록 주의해야 한다. '생각되어지다', '잊혀지다', '씌어지다', '사용되어지다' 따위 표현은 피동형이 겹친 것이라 맥락과 상관없이 틀린 표현이다. '생각되다', '잊히다', '쓰이다', '사용되다'로 고쳐야 옳다.

비유가 가장 효과적으로 사용되려면 적절한 상황에서 사용되어져야 한다.
→ 비유는 적절한 상황에서 사용돼야 효과적이다.
→ 적절한 상황에서 비유를 사용해야 효과적이다.

뜻을 흐리멍덩하게 만드는 군더더기 중에 한자어 명사 뒤에 붙이는 접미사 '적'(的)이 있다. 나도 '소극적으로'나 '객관적으로', '효율적으로' 같은 표현을 더러 쓰는데 원뜻을 해치지 않도록 매우 조심한다. '적'은 '똑같진 않아도 꽤 비슷한'이라는 뜻을 지녔다. 말을 지어내자면 '이강룡적이다'는 이강룡은 아니지만 하는 말이나 행동이 이강룡과 꽤 비슷하다는 뜻이다. 아래처럼 쓰면 괜찮다.

다큐멘터리 감독 김동원의 작품을 보면서도 충분히 철학적으로 사유할 수 있다.

여기서 '철학적'이란 말은 인문학의 한 분야인 철학을 가

리키진 않지만 철학의 역할인 반성과 사유 기회를 충분히 제
공한다는 점을 표현하므로 '적'을 쓰면 자연스럽다. 아래 문
장들은 '적' 탓에 원뜻이 훼손됐다. '적'을 빼고 읽으면 뜻이
더 잘 전달될 것이다.

폭넓은 학습보다 반복적 학습이 효과가 더 뛰어나다.
많은 대학들이 입학 사정관제 전형 인원을 대폭적으로
늘렸습니다.
규장각에 소장된 『일성록』은 학술적 가치가 매우 높다.
사회적 약자를 보호합시다.
인공적으로 조성한 공원
글쓰기의 초보적 단계에서 저지르는 실수
공자와 맹자와 순자의 공통적 요소

일상적으로 (→ 일상에서) 마주치는 의사소통 불능 상황을
잘 기록해 두자.

그 논문은 형식적인 면과 내용적인 면에서(→ 형식과 내용
이) 아주 새로웠다.

역사적으로 (→ 역사를) 살펴보면 춘추 전국 시대의 제자
백가가 있다.

동어 반복뿐 아니라 동음 반복을 피하는 것도 군더더기를 없애는 한 방법이다. 아래 문장에는 비슷한 소리가 반복돼 자연스럽지 않은 부분이 있다.

그는 커다란 울리는 목소리로 내게 말했다.

'커다란'의 'ㄴ' 소리와 '울리는'의 'ㄴ' 소리가 연달아 나와 읽기 불편하므로 발음이 겹치지 않게 아래처럼 고치는 게 좋다.

그는 커다랗게 울리는 목소리로 내게 말했다.

조사나 접사나 어미의 끝소리가 비슷하게 겹치면 읽기에 편하지 않으므로 세심하게 다듬어야 한다. 아래 문장은 첫 단어와 둘째 단어의 조사 '는'이 반복되어 어색하다.

마키아벨리는 군주는 신민들에게 인색하다는 평을 듣는 것을 대수롭지 않게 여겨야 한다고 지적했다.
→ 군주는 신민들에게 인색하다는 평을 들어도 대수롭지 않게 여겨야 한다고 마키아벨리가 지적했다.
→ 마키아벨리가 지적하듯 군주는 신민들에게 인색하다는 평을 들어도 대수롭지 않게 여겨야 한다.

번역문을 깔끔하게 다듬는 원칙은 단순하다. 줄이거나 빼서 의미를 뚜렷하게 전달한다면 줄이거나 빼는 게 맞다.

3. 문장의 격 맞추기

좋은 문장은 단어와 단어 사이, 구절과 구절 사이의 격이 잘 맞추어져 있다. 문장의 완성도를 좌우하는 게 바로 문장 성분 간의 균형이다. 글자와 글자 사이의 격이 어긋난 사례부터 내용의 균형과 일관성이 깨진 사례까지 차근차근 살펴보자. 뜻을 잘 전달하려고 고유어와 한자어를 붙여 쓰는 예외 사례를 앞에서 검토했으나, 고유어는 고유어끼리 한자어는 한자어끼리 묶어 쓰는 게 한국어 단어 만들기의 기본 원칙이라는 점을 상기하자. 아래 말들은 한자어와 고유어의 일관성이 어긋나 있다.

앞 열, 두 종류, 세 나라 간, 사십여덟

한자어 일관성에 맞추면 다음처럼 옮겨야 한다.

전렬, 이종, 삼국 간, 사십팔

고유어 일관성에 맞추면 다음처럼 옮겨야 한다.

앞줄, 두 가지, 세 나라 사이, 마흔여덟

단어와 단어 사이에도 이 원칙을 유지하면서 내용의 격을 따져 바로잡아야 한다. 다음 문장을 보자.

기자는 남녀노소, 나이와 직업을 불문하고 어떤 취재원을 만나도 잘 소통해야 합니다.

이 문장에서는 '남녀노소'와 '나이'를 같은 격으로 나열하여 오류가 생겼다. '노소'가 나이를 가리키므로 뒤에 나온 나이는 동어 반복이다. 격을 비슷하게 바로잡으면 아래와 같다.

기자는 취재를 위해서라면 성별, 연령, 직업을 따지지 말고 누구든 만나 터놓고 이야기해야 합니다.

아래 문장은 단어 간의 일관성이 흐트러졌다.

텍스트의 전체적인 느낌이 원문과 다를 바 없이 생생하다.

'텍스트'는 영어인데 '원문'은 한국어라서 균형이 맞지 않는다. 다음처럼 고치자.

번역문 전체의 느낌이 원문과 다를 바 없이 생생하다.

아래 문장은 '-주의'와 '-이즘' 중에 하나로 용어를 통일하면 한결 자연스러워진다.

케인즈주의, 신자유주의, 마르크시즘과 같은 경제 이론들을 검토하겠다.
→ 케인즈주의나 신자유주의, 마르크스주의 같은 경제 이념을 검토하겠다.

소설 『7년의 밤』에 이런 구절이 나온다. "그녀는 온갖 직업을 전전했다. 식당 종업원, 마트 캐셔, 간병인…" 단어의 격을 맞추려면 둘 중 하나로 통일해야 한다. 이질적이고 도회적인 느낌을 전달하려면 '웨이트리스, 마트 캐셔, 호스피스'처럼 외국어 표현으로 통일하는 게 낫고, 그게 아니라면 '마트 캐셔'를 '매장 계산원'이라는 한국어 표현으로 일관성을 갖추어 고치는 게 좋다.

다음 문장에서는 '동성애자'가 사람을 가리키는 반면 나머지 말들은 현상을 가리키므로 단어들 사이의 균형을 맞추어야 한다.

이 영화에는 많은 사회적 문제들이 나온다. 동성애자, 자살, 마약, 외모 지상주의, 무한 경쟁 등.
→ 이 영화에는 사회의 논란거리가 많이 나온다. 동성애, 자살, 마약, 외모 지상주의, 무한 경쟁 등.

다음은 구와 구의 격이 어긋난 사례다.

방사능 물질은 세포 조직을 손상시키고 각종 암 발병 원인 및 염색체를 손상시켜 기형을 일으킨다.

위 문장을 곧이곧대로 읽으면 방사능 물질이 1) 세포 조직, 2) 암 발병 원인, 3) 염색체를 손상한다는 말이다.
'암 발병 원인'과 '염색체'를 동격으로 썼기에 문장이 어색해졌다. '염색체'를 손상하는 건 맞지만 '암 발병 원인'을 손상한다는 건 맞지 않는다. 다음처럼 고치면 어떨까?

방사능 물질은 세포 조직을 손상하고 각종 암을 유발하며 염색체를 손상하여 기형을 일으킨다.

아래 문장도 구 사이의 균형이 깨졌다.

캠핑은 일상생활에 지친 이들이 정신적인 치유와 육체적
인 건강을 회복하고자 하는 갈망의 소산이다.

'육체적인 건강'은 회복하는 게 맞지만 '정신적인 치유'는
회복하는 게 아니므로 문장이 어색해졌다. 균형을 맞추려면
아래처럼 고쳐야 한다.

야영은 일상에 지친 이들이 정신을 치유하고 육체를 건
강하게 만들려는 갈망에서 나왔다.

아래 번역문에도 구의 균형이 깨진 부분이 있다.

레이먼드 챈들러는 빠른 상황 전개와 대화의 기교로 정
평이 난 소설가다.

위 문장의 원문에서 '빠른 상황 전개와 대화의 기교'에 해
당하는 부분(slick-talking and fast action)을 확인해 보니 '말'과
'행위'가 동격을 이루고 있어 자연스러웠다. 원문은 격을 잘
갖추었는데 번역문은 그러지 못했다. 번역 문장의 구조를 보
면 '전개'와 '기교'가 동격을 이루어야 하는데 두 단어의 격

이 맞지 않아 어색하다. 다음처럼 고치면 좀 낫다.

> 레이먼드 챈들러는 매끄러운 대사와 빠른 사건 전개로
> 정평이 난 소설가다.

다른 문장을 보자.

> 노동이 밀려난 공간만큼 자본의 하수구가 들어와 불평등
> 의 폐수를 방류한다.

'하수구'와 '폐수'는 각기 자본과 불평등을 가리키는 비유이므로 동격으로 처리해야 한다. '방류'가 한자어이므로 '들어와'를 한자어로 고치거나, '들어와'를 살리고 '방류'를 고유어로 고치면 균형이 맞아 더 자연스럽다.

> → 노동이 밀려난 공간에 하수구 같은 자본이 유입되어
> 불평등이라는 폐수를 방류한다.
> → 노동이 밀려난 공간에 자본이라는 하수구가 들어와
> 불평등을 폐수처럼 쏟아 낸다.

다음은 절과 절 사이의 균형이 깨진 사례다.

20대를 위한 책들이 막 잡아 올린 물고기처럼 파닥거리고 있다면, 30대를 위한 책들은 타닌과 당도와 산도가 균형을 맞추려 숙성 중이다.

앞 절의 내용은 물고기에, 뒤 절은 술에 빗댔는데, 둘 중 하나로 종류를 맞추는 게 좋을 것 같다.

20대를 위한 책들이 강렬한 스카치위스키나 데킬라 같다면, 30대를 위한 책들은 떫은맛과 단맛과 신맛이 은은하게 어우러진 와인 같다.

아래는 대응하는 구절이 빠진 경우다.

강북에서 강남으로 이사를 가고 싶어 했고 피아니스트 대신에 아나운서를 꿈꿨으며 의사의 아내로 살기 원했다.
→ 강북에서 강남으로 이사를 가고 싶어 했고 피아니스트 대신에 아나운서를 꿈꿨으며 자신이 꿈꾸던 일을 하는 대신 의사 사모님으로 살고자 했다.

다음은 고양시 39번 마을버스에서 본 휴대 전화 사용 자제 권고문이다.

버스를 탈 때는 휴대폰 사용을 하지 마시고, 차내에서는
옆 사람의 방해가 되지 않도록 귓속말로 조용히 통화해
주시기 바랍니다.

앞 절 내용과 뒤 절의 내용이 모순된다. 앞에서 휴대 전화
를 쓰지 말자고 하고서 뒤에 새 내용을 덧붙인 탓에 일관성
이 깨졌다. 다음처럼 고쳐 보면 어떨까?

버스에서는 휴대 전화 사용을 되도록 삼가 주시고, 필요
하면 작은 목소리로 통화해 주십시오.

형식의 균형이 맞는 듯해도 개념이 겹치거나 포함 관계가
어색하면 문장의 균형은 깨지기 마련이다.
다음 사례를 보자.

"양주가 어디죠?"
"의정부예요."

"성남에 살아요?"
"아뇨, 분당이오."

"고향이 고양시예요?"

"일산이에요."

이 대화의 답변들이 적절하지 않다. 양주와 의정부는 다른 지역이다. 분당구는 성남시의 일부이며 일산동구와 일산서구는 고양시의 일부이니, 이렇게 답하면 파충류는 싫어하지만 거북은 좋다고 말하는 것과 같다. 인문학 공부보다 철학 공부에 매진하겠다고 말하면 논리 오류이지만 인문학을 모두 공부하기보다 철학 공부에 매진하겠다고 말하면 괜찮다. 수메르 문명은 메소포타미아 문명보다 더 찬란했다고 쓰면 논리 오류다. 수메르는 메소포타미아의 일부이기 때문이다. 포함 관계를 잘 따져 묻는 건 균형 잡힌 문장을 구사하는 데 매우 중요하다. 서울 지하철 3호선에 적힌 다음 문장 역시 포함 관계가 엉켰다.

일·공휴일에 한하여 전동차의 맨 앞뒤 칸만 자전거 휴대 승차가 허용됩니다.

일요일도 공휴일에 포함되므로 따로 쓰면 안 된다.

공휴일에 한하여 전동차의 맨 앞뒤 칸에만 자전거를 실을 수 있습니다.

균형이 깨진 표현을 더 소개한다. 파주시 교하도서관 남자 화장실 벽에는 범국민손씻기운동본부가 주관하고 질병관리본부가 후원하는 손 씻기 365운동 홍보 문구가 붙어 있다. 내용은 대강 이렇다.

건강을 지키는 3가지 약속, 6단계로 실천하세요. 5늘부터.

균형이 맞지 않는다. 3과 6이 원뜻 그대로 쓰인 반면 5는 뜻이 아닌 발음만 사용됐다. 손을 잘 씻으려고 외워야 할 게 아홉 개나 된다는 점도 마뜩잖지만 형식이 어긋난 게 더 어색하다. 모범 사례와 비교해 보자.

치아 건강 실천하세요. 3.3.3.
하루 3번, 식후 3분 안에, 3분 이상.

균형이 맞아 일관되고 단순하다. 그래서 전달하는 뜻도 명료하다. 손 씻기 운동으로 돌아가서 문구를 고친다면 어떻게 해야 할까. '5늘'을 굳이 살리고 싶으면 '눈코입 만지기를 3가면, 6체 건강이 유지돼요, 5늘부터 실천하세요' 같은 방식으로 고쳐야 하지만 그래 봤자 유치한 말장난에 불과할 뿐 전달력이 크지 않다.

발걸음은 사뿐사뿐

고양시 아람누리도서관 계단에 붙어 있는 문구다. 뛰지 말라는 뜻을 잘 전달한다. 그런데 사뿐사뿐 계단을 밟고 올라가면 난간에 "기대지 마시오"라는 퉁명스러운 문구가 보인다. 조금 아쉬웠다. '기대면 휘청휘청'처럼 균형을 맞춰 작성하면 더 자연스럽지 않을까. 그 문구를 읽은 사람의 오금이 저릿저릿하게 말이다. 자연스러운 한국어 문장에서는 의태어뿐 아니라 의성어도 서로 격을 맞춘다.

큰북을 울려라 둥둥둥
작은북을 울려라 동동동

2012년 런던 올림픽에서 금메달을 딴 유도 선수 김재범은 런던으로 떠나기 전에 부상 부위의 상태가 심각한 거 아니냐고 기자가 묻자 이렇게 답했다. "제가 올라가야 할 곳은 수술대가 아니라 시상대입니다." 수술대와 시상대가 앞뒤로 균형을 이루어 자연스럽다.

공정 무역 커피를 파는 어느 찻집 벽에 이런 문구가 걸려 있었다.

LESS FREE TRADE, MORE FAIR TRADE

자유 무역은 줄이고 공정 무역을 늘리자는 말이다. 앞뒤 구절의 균형이 딱 맞는다. 표현의 일관성이란 이런 것이다. 가수이자 라디오 진행자 김창완이 지은 산문집 『이제야 보이네』 서문에 이런 구절이 있다.

나는 게으른 어부다.
그늘에 앉아 그물코를 손질하고 있다.
이 수필집은 내가 놓쳐 버린 물고기에 관한 이야기들이다.

어부에서 그물코를 거쳐 물고기로 이어지는 흐름이 자연스럽다. 균형을 갖춘 문장이기 때문이다. 조지 레이코프와 M. 존슨이 지은 『삶으로서의 은유』에 은유가 포함된 문장 몇 개가 소개돼 있다.

I could feel the electricity.
There were sparks between us.
I was magnetically drawn to her.
— "Love is a physical force"

번역하면 이런 뜻이다.

전기가 통하듯 찌릿했다.

우리 사이에 불꽃이 일었다.

그 여인에게 자석처럼 끌렸다.

—「사랑은 물리적 힘」

사랑을 표현하려고 빗댄 전기와 불꽃과 자석은 같은 범주를 공유한다. 전기와 불꽃은 그렇다쳐도 자기는 다른 범주 아니냐고? 전기와 자기의 본질이 동일하다는 사실은 과학자인 패러데이와 맥스웰이 밝혔으니 더 절묘하다.

한시 백일장의 한 심사 위원이 어느 출품작을 이렇게 평가했다.

"육해(陸海), 철강(鐵鋼) 이렇게 적었군요. 명사는 명사끼리 동사는 동사끼리 형용사는 형용사끼리 대구를 맞춰야 합니다. 육지와 바다라고 썼으면 옆에는 쇠와 돌멩이처럼 뜻이 다른 두 단어를 써야 하는데 철강은 같은 말이잖아요. 탈락입니다."

—한국방송,『역사스페셜』,「노비 정초부, 시인이 되다」, 2011년 11월 17일

한문이든 영문이든 국문이든 문장 성분의 균형 원칙은 동일하다. 좋을 호(好)는 여자와 남자가 같이 있는 모습에서 나온 글자라고 잘못 알려져 있다. 이상한 점이 있다. 계집 녀

(女)를 여자라고 번역하고 아들 자(子)를 남자라고 번역한다는 점이다. 남자에 해당하는 글자는 사내 남(男) 아닌가. 어디서 찾아보아야 하는지 몰라 기록만 해 두었는데 한참 시간이 지나 한자 어원에 관한 책을 읽다가 이 글자가 여인이 아기를 안은 모습에서 유래했다는 사실을 알게 되었다. 몸을 맞댄 엄마와 아기는 물론이고 그 장면을 바라보는 사람의 기분까지 좋아지지 않는가. 그런 게 좋음의 속성 같다. 형식이나 내용의 균형이 어긋나면 의심해 보자.

天地玄黃 (천지현황)
宇宙洪荒 (우주홍황)
日月盈昃 (일월영측)
辰宿列張 (진수열장)

천자문의 첫 네 구절이다. 어릴 적에 '별 진, 잘 숙, 벌릴 열, 베풀 장'이라고 배웠는데 천자문 해설서를 보다가 잘못 배웠다는 걸 알았다. 어린 학생들에게 한문이 아닌 한자를 가르치려고 이 대본을 사용한 맥락에서는 이해할 수 있지만, 글자가 아닌 문장 맥락으로 가면 이야기가 달라진다. 한자 '잘 숙'(宿)은 이 문장에서 '별자리 수'다. 위 구절은 네 글자마다 주어와 술어를 갖춘 한 문장을 이루는데 구조가 모두 같다. 보통 1—2—3—4 순서로 번역하지만 여기서는 1—3—

2—4 순서로 옮기면 한국어 문장 구조에 더 자연스럽다.

하늘은 검고 땅은 누렇다.
공간은 방대하며 시간은 가없다.
해는 차 있으되 달은 이지러진다.
별은 늘어서 있으며 별자리는 퍼져 있다.

천지나 일월이 단짝처럼 붙어 다니는 상대어라는 점을 알면 우주나 진수도 같은 구조를 띤다고 가정해 보고 자료를 찾으며 검증해야 한다. 그래야 균형이 맞다. 한자 사전이 이 궁금증을 쉽게 풀어 준다. 우주는 '집 우, 집 주'처럼 동의어를 나열한 게 아니라 각기 공간과 시간을 가리키는 동격인 상대어 모음이다. 그래야 균형이 맞고 자연스럽다. 별과 별자리 역시 유의해야 하는데 별은 앞에 두드러져 보이는 전경을 가리키고 별자리는 그 배경을 가리킨다. '벌릴 열'보다 '늘어설 열'이 더 낫고, '베풀 장'보다 '퍼질 장'이 더 낫다. '열'은 1차원(선) 개념인데 비해 '장'은 2차원(면) 개념이기 때문이다. 그러면 균형이 맞다. 문장 성분 사이의 격이 자연스럽게 맞추어진 글은 대개 믿을 만하다. 그러한 대본을 모범으로 삼고 번역 문장 역시 그렇게 써야 한다.

형식의 격과 내용의 격을 모두 맞추고 나서 미묘한 어감도 아울러 고려하면 더 좋을 것이다. 한 수강생이 번역문을 제출했는데 내용이 흥미로웠다. 원리 원칙대로 평생 깐깐하게만 살아온 어르신들이 즐비한 집안에서 식구 중에 가장 어린 열여섯 살 소녀가 어느 날 어른에게 감히 거짓말을 하는 사태가 발생했다. 이모할머니가 이렇게 말한다.

"니가 거짓말을 했다구?"

나는 이 문장 옆에 '니'와 '했다구'는 표준어가 아닌 구어체 표현이니 타협할 줄 모르는 깐깐한 이모할머니의 성격을 더 잘 드러내려면 표준 어법에 맞게 정확한 표현으로 옮기면 좋겠다고 의견을 달았다.

"네가 거짓말을 했다고?"

다른 예를 하나 더 보자.

"자, 그럼 다음에 뵐게요"라고 미도리는 냉랭한 인사를 건넸다.

'뵈다'는 상대방 또는 목적어인 대상을 높이려고 자신을 낮추는 겸양 표현이라서 '뵙겠습니다'라고 써야 어법에 맞지만 미도리의 성격과 차가운 분위기를 전달하려면 일부러 '봬요'라고 써도 괜찮을 것이다.

"자, 그럼 다음에 봬요"라며 미도리는 싸늘하게 인사를 건
넸다.

문장의 격을 가지런히 맞추는 건 수사법의 거의 전부다.
격을 맞춘 문장은 단정하고 자연스러우며 일관성도 높다. 격
맞추기의 최종 단계는 아마도 글과 말과 행동의 일치일 것이
다. 지행합일이라는 말은 글 쓰는 이에게 최종 목표와 같은
상태다. 이 책이 지향하는 바도 그와 같다.

4. 외국어 투 바루기

한국인은 외국어의 원래 맥락과 다양한 뜻을 잘 알지 못하므로 한국어 맥락에 수입된 외국어를 쓸 때 원뜻과 다르게 왜곡하기 쉽다. 한 음식점에 갔더니 문 앞에 "테이크아웃 포장됩니다"라는 문구가 붙어 있었다. 이건 포장 판매라는 뜻을 지닌 말인 '테이크아웃'이 한국어로 제대로 번역되지 않았기 때문에 빚어진 사태다. "핸드메이드로 직접 만듭니다" 같은 문구와 비슷하다. 하나로마트에 가면 수레를 보관하는 장소에 "카트기 보관소"라는 문구가 붙어 있다. '카트'(Cart)가 수레라는 뜻이므로 기계나 도구를 가리키는 글자인 '기'를 덧붙일 필요가 없다. '카트'라고 쓰거나 '수레' 또는 '쇼핑수레'라고 고쳐 쓰면 뜻이 더 잘 전달된다.

외국어를 한국어로 제대로 옮기지 않고 마구 들여와 쓰면 어떤 일이 벌어질까? 네거티브(negative)로 예를 들겠다. '네거티브 마케팅 전략'이나 '네거티브 선거전'처럼 네거티브를 한국어로 제대로 번역하지 않은 채 발음만 따서 표기하면, '네거티브란 말은 바람직하지 않은 나쁜 뜻'이라는 인식이 한국어 언중 사이에 자리 잡는다. 네거티브가 외래어처럼 정착되면 영어 문장에서 그 단어를 만날 때마다 부정적이라는 뜻을 떠올리기 쉬울 것이다. 영어 맥락에서 쓰이는 네거티브에는 여러 가지 뜻이 있다. 아래 한국어를 영어로 번역하면 밑줄 친 부분은 모두 'negative'라고 옮겨야 한다.

1) 남들이 다 과장하고 호들갑을 떨 때 그이만 <u>소극적인</u> 태도를 취하였다.
2) 임신 진단 시약에 소변을 적셔 보니 별다른 <u>반응이 나오지 않았다.</u>
3) 인화하기 전 필름에는 실물의 색이나 음영이 원래와 <u>반대로</u> 나타난다.
4) 전자가 들어와서 음전하를 띤 이온을 음이온이라 한다.

네거티브란 말을 들여와 나쁜 뜻이라고 뭉뚱그려 쓰면 위와 같이 미묘하고 다양한 원뜻에는 도저히 다가갈 수 없을 것이다. 인류의 스승인 소크라테스는 네거티브 토론을 평생 펼친 사람이다. 진리가 무엇이냐고 제자가 묻거나 실용 기술을 주로 가르치던 소피스트(소피스테스)가 재촉해도 소크라테스는 즉답을 피하고 명백히 진리가 아닌 것부터 하나씩 걸러 나가는 방식으로 진리에 다가가고자 했다. 소피스트가 자신들을 '지혜를 가진 자'라 대담하게 부를 때도 소크라테스는 자신을 그저 지혜를 사랑하는 자라며 소극적으로 소개했다. 그런 겸손한 진리 추구 방식이 네거티브다. 아우구스티누스를 비롯해 쿠자누스를 거쳐 데카르트에 이르기까지 많은 신학자와 철학자가 이 방법을 따랐다. 데카르트는 의심할 수 있는 건 모조리 의심하여 결코 의심할 수 없는 명제에 도달했다. 모든 걸 다 의심해 보았더니 믿을 만한 것이라곤 모든 걸 의심하고 있는 자기뿐이더라는 이야기다. 방법론적 회의라 불리는 과정 역시 네거티브다.

뜻이 두 개 이상인 단어를 번역하려면 가치가 부여된 번역어보다 가치 중립적인 번역어를 먼저 고려하는 게 오역을 피하는 데 도움이 된다. 'negative'라는 단어를 본문에서 처음 보면 좋음이나 나쁨에 대한 판단이 들어간 '부정적'이라는 용어 대신 '소극적'이라는 가치 중립적 의미로 이해하는 게 올바로 번역하는 데 더 도움이 된다. 'great'라는 단어가 나오면 '위대한'이라고 가치를 먼저 부여하여 옮기기보다 일단 좋음이나 나쁨과 무관하게 '거대한'이라고 이해하는 게 더 낫다.

맥락을 무시하고 일부 뜻만 취한 채 외국어 발음 그대로 받아들여 쓰는 건 나쁜 태도다. 그러므로 한국어 맥락에 녹

아들어 외국어 원뜻과 전혀 다르게 쓰이는 '파이팅'을 두루 편하게 쓰자는 의견에 나는 반대한다. 섬세한 한국어 의사 표현을 가로막기 때문이다. 다친 몸 잘 돌보고 마음 잘 추스르기를 바라며, 더 보살펴 주지 못해 미안하다는 따뜻한 위로 대신 '파이팅 하세요'로 병문안 끝인사를 놓치는 풍경이 썩 아름답지는 않다. 고유어만 쓰자고 주장하는 게 아니다. 뜻을 섬세하게 전달하는 표현을 가려 쓰자는 말이다. 예를 들어 나는 수강생들에게 일본어 투 표현을 쓰지 말자고 가르치지 않는다. 한국어의 섬세한 뜻을 가로막는 일본어 투 표현을 쓰지 말자고 주장하지만 한국어에 없는 일본어 표현은 받아들이자고 제안한다. 예를 들어 자기 식구를 남에게 높이지 않는 일본어 존대 표현은 단정하고 명료하다. 누군가 어느 토론회에서 이렇게 주장한다고 가정해 보자.

세종대왕의 한글 창제 철학을 되새겨 개인이 먼저 솔선
수범하여 일본식 한자를 우리 사회에서 몰아내자.

이러면 자기모순에 빠질 것이다. '철학', '개인', '사회' 모두 일본에서 만든 말이기 때문이다. 『번역어 성립 사정』을 지은 야나부 아키라는 일상어와 동떨어져 만들어진 저 용어들에 대해 매우 비판적이지만, 한자 문화권에 속한 지식인들이 오랜 세월 고민하여 만든 번역어인 만큼 더 나은 대안 없이 거부하는 건 별로 생산적이지 않은 것 같다. 최초 번역의 위력은 매우 강하다.

베르디의 오페라 『라 트라비아타』는 뒤마 피가 지은 소설 『동백 여인』을 각색한 작품이다. '라 트라비아타'(la traviata)는 '길 잃은 여인'이라는 뜻이고, '동백 여인'의 원제인 '라 담 오 카멜리야'(La Dame aux Camélias)는 '동백꽃의 여인'이라는 뜻이다. 원작 소설과 오페라의 제목은 일본에서 '쓰바키히메'(椿姬)라고 번역되었다. 일본에서는 동백나무를 '동백'(冬栢)이 아닌 '쓰바키'(椿)라고 표기한다. '히메'는 여인이라는 말이니 '쓰바키히메'는 원뜻을 잘 살린 간결한 번역이다. 그런데 한국은 원제를 바로 옮길 생각을 하지 않고 일본어 번역 제목의 한자 표기를 한국식으로 읽어 '춘희'라고 옮겨 왔다. 원문을 바로 옮기지 않고 다른 언어로 번역된 것을 다시 옮기는 걸 '중역'(重譯)이라고 하는데, '춘희'란 제목은 중역의 문제점을 전형적으로 보여 준다. 한국인이 '춘희'라는 말을 보거나 듣고서 '동백꽃의 여인'이라는 원뜻을 떠올리는 건 불가능에 가깝다. 더구나 한국에서 한자어 '춘'(椿)은 동백나무가 아닌 참죽나무를 가리키므로 병기된 한자를 보더라도 원뜻에 가까이 가기 어렵다. 문제를 푸는 건 간단하다. 원문을 바로 옮기면 된다.

단추를 잘못 꿴 다른 사례를 더 소개한다. 일본 사람들은 나라 이름인 도이칠란트(Deutschland)를 읽고 쓰기 편하게 '도

이츠'(獨逸, ドイツ)라고 옮겨 썼다. 한반도로 넘어온 일본식 한자 표기가 발음만 한국식으로 바뀌어 독일이 되었다. 비유하자면 중국으로 넘어간 코카콜라가 '커코우커러'(可口可乐)가 됐다가 한국으로 넘어와 '가구가락'으로 바뀌는 격이다. 그럼 이제 와서 독일을 도이칠란트로 바꾸어야 할까? 바꾸는 게 바람직하다. 그런데 독일이란 용어가 이미 굳게 자리를 잡고 있기에 고치려면 오래 걸릴 것이다. 그래서 처음에 잘 번역하는 일이 중요하다. 시간이 지나며 포도아가 포르투갈로, 서반아가 스페인으로, 구라파가 유럽으로, 불란서가 프랑스로 정리된 것을 보건대 독일이 도이칠란트로 바뀐다 해도 부자연스럽지는 않다. 우리가 올바른 번역 원칙을 세우고 한결같은 태도를 유지하며 실천한다면 후세 국어학자들은 우리 시대를 이렇게 기록할 것이다. "외국명 표기에 혼란이 많았으나 2010년대부터 차츰 개선되어 지금 우리가 쓰는 표기 원칙이 정착되었다."

학술 논문이나 전문 영역에서는 번역 없이 원어를 그대로 표기하기도 한다. 연구자끼리 의사소통하는 닫힌 영역에서는 그렇게 하는 게 원뜻을 더 효율적으로 전달하므로 괜찮다. 그렇지만 교양 영역에서 한국어 문장에 외국 문자를 그대로 방치하는 일은 번역자로서 책임 회피다.

강연자 Becci Manson은 사진 보정가로서 자기 직업이 자랑스러워졌다.

이 문장처럼 이름 표기를 번역하지 않으면 독자는 '맨슨'
까지는 추측할 수 있다 하더라도 'Becci'라는 표기를 베키
라고 읽어야 할지 베치라고 읽어야 할지 알 길이 없다. 번
역자가 '베시 맨슨'이라고 적절한 한글 표기를 확정해 주
어야 한다.

번역자는 'Sigmund Freud'라는 표기를 '지그문트 프로이
트'라고 읽으라고 지침을 마련해 주어야 한다. '프로이드'는
영어식 표기인데 도이칠란트어를 사용한 오스트리아 사람
이름을 영어식으로 표기하면 안 된다. 번역자는 'Karl Marx'
라는 이름을 '칼 맑스'로 표기할지 '카를 마르크스'로 표기해
야 할지, 아니면 다르게 적어야 할지 독자에게 알려 주어야
하는 사람이다.

작가 Henry James는 → 작가 헨리 제임스는
철학자 Michel Foucault는 → 철학자 미셸 푸코는

특히 사전에 나오지 않거나 쉽게 찾을 수 없는 고유 명사
를 한글로 표기하지 않고 외국 문자 그대로 옮겨 두면 독자
에게 마음대로 읽으라고 하는 꼴이니 바람직하지 않다.

Walter Benjamin의 아우라 개념은 복제 시대의 진본성을
상기시킨다.

이 문장처럼 한글로 옮기지 않고 외국 문자 그대로 둔다
면, 글에서 언급한 사람에 대해 잘 모르는 독자는 도이칠란
트어 '발터 베냐민'이 아니라 영어식 발음인 '월터 벤저민'으
로 읽기 십상일 것이다.

Out of sight, out of mind라는 서양 속담이 있다.
→ "안 보면 멀어진다"(Out of sight, out of mind)라는 서양
속담이 있다.
→ 안 보면 멀어진다(Out of sight, out of mind)고 하는 서
양 속담이 있다.

한국어와 한글, 영어와 로마자, 외국어와 외국 문자를 뚜렷
이 구별하여 사용하자.

안녕하세요 한글로 표기한 한국어
헬로 한글로 표기한 영어
Annyeonghaseyo 로마자로 표기한 한국어
Hello 로마자로 표기한 영어

아래는 패션 잡지의 한 대목인데, 한글로 표기됐지만 도저히 한국어라고 볼 수 없는 문장이다.

> 아직 쌀쌀한 날씨지만 가벼운 스프링 룩에 어울리는 메이크업이 필요하다는 생각이 들었습니다. 기본적인 스킨 케어부터 크리에이티브한 색조 믹솔로지, 뿐만 아니라 맞춤 향수까지, 섞고 겹치면 효능이 업그레이드되는 시너지 효과를 발하는 코스메틱 믹솔로지를 카테고리별로 구분해 흥미롭게 읽을 수 있었습니다. 화사한 봄에 어울리는 스타일리시한 모델과 그 얼굴 위에 사진을 절묘하게 오버랩시킨 화보였습니다. 저도 올봄 스타일 변신을 위해 키포인트가 되어 줄 매력적인 슈즈 한 켤레 장만해야겠다는 생각이 들었습니다.
> ― 프리미엄 쇼핑 매거진 『에비뉴엘』, 2013년 5월호

패션 잡지 『보그』의 한국판 기사 문체와 비슷하여 '보그체'라는 별명이 붙은 저런 천한 문장은 조사 빼고는 거의 외국어다. 지면 낭비인 것 같아 문장에 손을 대진 않았다. '어톤먼트'나 '본 얼티메이텀'처럼 외국어를 발음 그대로 옮겨 놓기만 하는 음차 번역은 영화 시장에서 자주 쓰이는데 일상 의사소통에서 사람들이 그렇게 쓰니까 용인된다. 외국어를 자국어로 제대로 번역하지 않고 외국어 발음만 따서 옮기면 독

자에게 신비하고 낯선 느낌을 주는 효과가 있다. 이를 번역 이론에서는 '보물 상자 효과'(카세트 효과)라고 부르는데 잡동사니를 담아 둔 다락방의 보물 상자는 열기 전까지는 어느 정도 신비감을 주지만 막상 열어 보면 기대에 못 미치는 경우가 대부분이다. 음차 번역도 그와 마찬가지다. '죽은 시인의 사회'와 '북북서로 진로를 돌려라'는 여러 번역 이론서에 영화 제목 오역 사례로 자주 언급되지만 그렇게 욕먹을 일은 아닌 것 같다. '데드 포우잇 소사이어티'라든지 '노스 바이 노스웨스트'라고 방치하지 않고 어떻게든 한국어로 옮겨 놓았고, 그랬기에 활발한 비판도 일어난 것이다. 전에 쓰인 적 없는 한국어 표현을 처음 만드는 건 무거운 책임이 따르는 어려운 일이다. 좁은 문으로 가겠다고 다짐한 번역자는 그 짐을 기꺼이 떠안는다. 성심껏 한국어로 옮긴 번역자의 모자란 지식은 동료 번역자나 꼼꼼한 독자가 채워 주면 된다. 그렇지만 외국어를 그대로 두거나 엉뚱한 외국어로 바꿔치기하면 욕을 먹어도 싸다.

드라마틱한 스토리 → 극적인 이야기

랭킹 리스트 → 순위 목록

마트에서 쇼핑을 하다 → 대형 유통 매장에서 장을 보다

아이러니한 운명 → 얄궂은 운명

앵커의 클로징멘트 → 진행자의 끝인사

업데이트된 데이터 → 갱신 자료

업그레이드되다 → 발전하다

오버액션하던 사내 → 지나치게 반응하고 행동하던 사내

이벤트를 오픈하다 → 행사를 열다

점프하다 → 도약하다

체크하다 → 확인하다

커버하다 → 아우르다

프로모션 프로젝트 → 판촉 기획

땡땡이 무늬 → 물방울 무늬 / 점박이 무늬

　참고로 땡땡이는 일본어 '뎬뎬'(点点, てんてん)에서 온 말이
다. 일본어 원문에 가타카나(외국어와 의성 의태어를 표기하거나 단
어를 강조할 때 주로 쓰는 일본 문자)로 '파와-바란스'(パワ-バラン
ス, power balance)나 '파-토나-싯푸'(パートナ-シップ, partnership)
라고 적었다 하더라도 이 구절을 '파워 밸런스'나 '파트너십'
이라고 옮기는 건 아무 의미가 없다. 외국어 투 표현을 자주
쓰는 소설 속 등장인물의 성격을 일부러 드러낼 게 아니라면
'권력 균형'이나 '동반 관계'라고 옮기는 편이 나을 것이다.
비전문가가 보는 경제 뉴스에는 '모라토리엄'이나 '디폴트'
라고 쓰지 말고 '지급 유예'나 '채무 불이행'이라고 써야 의
미가 더 잘 드러난다.

　사람들이 '다크서클이 생긴 눈'이라고 쓰는 걸 작가 김소

진이 하늘에서 보았다면 '대끈한 눈자위'라고 바꿔 쓰자고 제안했을 것이다. 일상 의사소통에서 사람들이 자주 쓰는 말 중에 '오버'(오바)가 있다. 제대로 된 한국어가 아니라는 건 누구나 알지만 이 말을 안 쓰면 대화에 끼지 못할 것 같은 불안이 엄습한다. 대화 맥락에서 가볍게 쓰는 거야 그렇다 치고 문어 표현에까지 이 말이 끼어들면 곤란하다. '오버하는'을 대체하는 표현은 이런 게 있다.

부풀리는
과장하는
괜스레 참견하는
호들갑 떠는
나부대는
까부는
주제넘은
너무 앞서 간

한글로 표기한 외국어를 쓰기보다 한글로 표기한 한국어를 사용하는 것을 기본으로 삼되, 토박이 표현으로 대체하기 어려운 용어만 가려서 받아들이면 된다.

세계 자동차 회사 빅3가 모였다.

'빅3이'라고 쓰지 않고 '빅3가'라고 쓴 걸 보면 '3'을 구어 느낌을 살리려고 '쓰리'라고 읽은 셈이다. 어설픈 번역이다. 한국어로 덜 번역됐다. 한국어 문장에서 아라비아 숫자는 '일이삼사' 같은 한자어 발음으로 읽는 게 원칙이다. '2개'는 '두개'가 아니라 '이개'라고 읽고 'G20'은 '지트웬티'가 아니라 '지이십'이라고 읽는다. 원칙대로 하자면 '19살'도 '십구 살'이라고 읽어야 하므로 '19세'라고 쓰든가 '열아홉 살'이라고 표기하는 게 바람직하다. 그러면 '빅3'을 '빅삼'이라고 우스꽝스럽게 읽어야 하나? 아래처럼 '빅'을 한국어로 마저 번역하면 된다.

세계 3대 자동차 회사가 모였다.

한글이든 외국 문자든 가리지 말고 사람들이 즐겨 쓰는 대로 한국어를 표현하자는 가치관과 되도록 한글로 표기할 수 있으면 그렇게 하자고 고집하는 가치관이 맞설 때 승패를 좌우하는 건 우리 번역자다. 외국어가 들어와 한국어를 풍부하게 만드는 측면이 있긴 하지만, 뜻을 잘 표현하는 기존 한국어 표현이 있는데 이것을 쓰지 않고 같은 뜻을 지닌 외국어로 대체하는 일은 삼가야 한다.

언중의 언어생활에 지대하게 영향을 끼치는 지상파 방송국이 앞장서 한국방송, 문화방송, 서울방송 등을 버리고

KBS, MBC, SBS 같은 로마자 표기를 쓰니 일반 시청자의 잘못을 지적한들 별 소용이 없다. '일본방송협회'(日本放送協會)는 일본어로 '니폰 호소 교카이'(Nippon Hoso Kyokai)라고 읽는데, 일본어 발음을 로마자로 표기한 다음 머리글자만 따서 NHK라고 적는다. 일본어를 로마자로 표기한 것이다. 이른바 세계화 물결에 휩쓸려 버젓이 잘 정착된 한국어를 외국어로 기괴하게 옮기는 한국의 사례와 대비된다. 한국담배인삼공사는 자사 이름을 '케이티앤지'(KT&G)라고 바꿨다. Korea Tomorrow and Global, 이게 완전한 이름이라는데 이걸 다시 억지스럽게 한국어로 옮기면 이렇다. '한국 내일 그리고 세계적'. 외국에 출장 가서 자기 회사 이름을 소개해야 하는 직원의 마음이 어떨지 궁금하다. 부모에게 김씨, 이씨, 박씨 성을 받은 자가 외국 사람에게 자신을 '킴', '리', '팍'이라고 소개하는 자의 무모함과 무식함을 주변에서 꾸짖어 주지 않으면 저런 괴물 같은 표현이 계속 판칠 것이다.

한국어 번역문은 한글로 작성해야 한다는 커다란 원칙을 세우긴 했지만, 반드시 이 원칙을 지키자고 고집을 부릴 순 없다. 허용해야 할 예외가 있기 때문이다. 미국의 방송국 CNN, 영국방송협회 BBC, 일본방송협회 NHK, 중국중앙방송 CCTV 등을 '시엔엔'이나 '비비시', '엔에이치케이'나 '시시티브이'라고 옮기는 방식을 표기 원칙의 하나로 삼는 건 무리인 것 같다. 기계적으로 한글 표기를 고집하면 자칫 문장의 전달력을 떨어뜨릴 수 있기 때문이다. 어문 규정을 지키느라 번역의 본질이 훼손되면 안 된다.

오이시디는 '정보 자기 통제권'을 제도로 보장하기를 권고했다. (비권장)
→ 경제협력개발기구(OECD)는 '정보 자기 통제권'을 제도로 보장하기를 권고했다. (권장)
→ OECD는 '정보 자기 통제권'을 제도로 보장하기를 권고했다. (허용)

아이비알디의 역할은 아이엠에프와 별로 다르지 않다. (비권장)
→ 국제부흥개발은행(IBRD)의 역할은 국제통화기금(IMF)과 별로 다르지 않다. (권장)
→ IBRD의 역할은 IMF와 별로 다르지 않다. (허용)

시엔엔은 최초로 24시간 뉴스만 내보낸 방송이다. (비권장)
→ 시엔엔(CNN)은 최초로 24시간 뉴스만 내보낸 방송이다. (권장)
→ CNN은 최초로 24시간 뉴스만 내보낸 방송이다. (허용)

시디가 하던 역할을 엠피3이 대체했다. (비권장)

→ 콤팩트디스크(CD)가 하던 역할을 엠피3(MP3)이 대체
했다. (권장)

→ CD가 하던 역할을 MP3이 대체하고 있다. (허용)

제이 에스 밀이 주창한 공리주의의 이상은 공동체주의와
가깝다.

위 문장의 '제이'와 '에스'는 '존'(John)과 '스튜어트'(Stuart)
의 머리글자만 딴 것인데 한글 표기만 보면 줄인 말인지 원
래 이름인지 잘 드러나지 않으므로 번역이 미흡하다. 이때
약어는 외국 문자 그대로 두는 게 낫다.

J. S. 밀이 주창한 공리주의의 이상은 공동체주의와 가
깝다.

원문에 'T. S. Eliot' 또는 'W. H. Auden'이라고 돼 있다면
굳이 '토머스 스턴스 엘리어트'나 '위스턴 휴 오든'이라고 옮
기기보다 'T. S. 엘리어트'나 'W. H. 오든'이라고 옮기는 게
더 적절할 것이다.

더블유 에이치 오든은 에스파냐 내전이 일어나자 인민

전선을 지지한다고 선언했다.

→ W. H. 오든은 에스파냐 내전이 일어나자 인민 전선을
지지한다고 선언했다.

나는 번역문을 첨삭하면서 관형격 조사 '~의'가 제대로 쓰
였는지 유심히 본다. 외국어 투 문장을 양산하는 주범이기
때문이다. 수없이 첨삭했지만 관형격 조사 '~의'를 본래 쓰
임새에 맞게 잘 쓴 문장을 별로 본 적 없다. 다음 문장의 조
사를 유심히 보면서 어색한 부분을 찾아보라.

인터넷의 발달은 정보 접근의 쉬움과 자신의 역량을 펼
칠 수 있는 공간을 제공한다.

'~의'를 다른 조사로 바꾸고 명사구를 풀어 쓰면 더 한국
어답게 쓸 수 있다.

인터넷이 발전하면서 정보에 접근하거나 자기 역량을 펼
치기도 쉬워졌다.

조사를 적절하게 바꾸어 번역을 완결 짓자.

저작권자의 허락 없이 비매품으로 제작하는 일 자체가

저작권법의 위반이다.

→ 저작권자의 허락 없이 비매품으로 제작하는 일 자체
가 저작권법을 어기는 일이다.

관형격 조사 '의'는 종속 개념을 뚜렷이 드러낼 때 자기 역
할에 잘 들어맞는다. 방송 프로그램 진행자나 영화에 출연한
배우가 공적인 영역에서 '나의 방송'이라든지 '내 영화'라고
말하는 걸 본 적이 있는데 얼핏 형식은 맞는 듯해도 그건 철
없는 표현 같다. 방송 프로그램이나 영화는 여러 사람이 함
께 만드는 종합 예술이기 때문이다. 주종 관계나 소유를 드
러내는 '의'는 그럴 때 쓰라고 있는 게 아니고 명백한 주종
관계를 표시하려고 쓴다.

    라이너스의 담요
    베르디의 오페라
    알 파치노의 맹인 연기

관형격 조사 '의'를 잘못 쓰면 뜻이 엉뚱하게 엉켜 버리기
도 한다. '한 통의 편지'는 미흡한 한국어지만 '편지 한 통'이
라고 고치면 흡족한 한국어 구절이 된다. '번역은 일종의 소
통'이라고 쓰면 미흡하지만 '번역은 소통의 일종'이나 '번역
은 소통과 비슷하다'라고 고치면 흡족하다. 다 같은 한국어

제목이라도 '의'를 잘못 쓰면 엉성한 번역으로 남는다. '종의 기원'이나 '과학 혁명의 구조'나 '암흑의 핵심'에서 '의'는 적절하지만 '침묵의 봄'에서 '의'는 적절하지 않다. 관형격 조사 '의'를 빼고 '침묵하는 봄'이라든지 '적막한 봄'처럼 써야 원뜻을 잘 전달한다. '사랑의 기술'은 '사랑하는 기술'이라고 쓰는 게 낫다. '꿈의 해석'은 '꿈을 해석한다'는 말이고 '행복의 정복'은 '행복을 정복한다'는 뜻이니 '의'를 빼고 '꿈 해석'이나 '행복 정복'이라는 표현을 살리는 편이 나을 것이다. 배우 윌 스미스가 출연한 영화『행복을 찾아서』는 무난하고 좋은 번역 제목이다. 원제는 'The Pursuit of Happiness'인데 '행복의 추구'라고 어색하게 옮기지 않고 원뜻을 잘 살렸다. 원제보다 흥미롭게 옮겨야 한다는 무모하고 쓸데없는 강박도 없다. 제목 번역을 아예 포기하고 음차 수준에 머물기로 작정한 듯한 영화판에서 보기 드문 모범 사례다.

'나의 살던 고향은 꽃피는 산골'을 '내가 살던 고향'으로 고쳐야 하는 건 단순히 일본어 투 문장이어서라기보다 그렇게 쓰면 뜻이 더 뚜렷해지기 때문이다. 아래 문장은 옛 한문 투의 문장을 요즘 문장으로 바꾸어 본 것이다.

吳等(오등)은 玆(자)에 我(아) 朝鮮(조선)의 獨立國(독립국)임과 朝鮮人(조선인)의 自主民(자주민)임을 宣言(선언)하노라.

→ 우리는 이제 우리 조선이 독립국이고, 조선 사람이 자주민임을 선언한다.

— 이수열, 『우리가 정말 알아야 할 우리말 바로 쓰기』, 현암사, 2011년, 487쪽

현대백화점 킨텍스점에는 엘리베이터 문이 닫히기 전에 이런 음성 안내가 나온다. "문으로부터 물러서 주십시오." 이 표현은 "문에서 물러나 주십시오"라고 고치는 게 낫다. '지금 그대로의 모습으로'는 외국어 투 구절이지만 '지금 모습 그대로'는 자연스러운 한국어 구절이다. 외국어 투 표현이 아닌 것, 즉 한국어다운 표현이 정확히 어떤 것인지 무 자르듯 딱 규정하긴 어렵지만 대체로 다음 조건을 두루 충족하면 한국어다운 문장이라고 할 수 있다.

— '관형사+명사' 형태보다 '부사+동사(형용사)' 형태로 쓰자.
— 교착어의 특징인 접사와 조사를 쓰임새에 맞게 섬세하게 활용하자.
— 의성어와 의태어를 적절히 쓰자.
— 시제를 유연하게 표현하자.
— 복수 접미사 대신 맥락에 따라 단수와 복수를 구별하자.

— 피동형보다 능동형을 쓰자.

— 주어가 반복되면 생략하자.

명사구(관형사+명사)나 명사절이 비대해지는 건 주로 영어 문장을 직역하면서 빚어지는데 부사어를 잘 활용하면 한국어답게 고칠 수 있다. 아래 두 문장을 보자.

소방 당국은 정확한 화재 원인을 조사 중이다.

즐거운 추석 되세요.

한국어다운지 아닌지 따지기에 앞서 뜻을 잘 전달하는 표현인지 아닌지 살펴보자. '정확한 화재 원인'과 '즐거운 추석'이란 게 따로 있는 게 아니라 '화재 원인'이 있어 이를 정확히 밝히는 것이고, '추석'이 있어 이날을 즐겁게 보낸다는 게 조리와 순서에 더 맞다.

소방 당국은 화재 원인을 정확히 밝히려 조사 중이다.

추석 명절을 즐겁게 보내세요.

아래 문장도 '새로운 시작'이 따로 있는 게 아니라 '시작'을 새롭게 한다고 쓰는 게 뜻을 더 잘 드러내고 '많은 양의 비' 대신 '비'가 많이 내렸다고 써야 뜻이 잘 표현된다.

2014년에는 새로운 시작을 하기로 다짐했다.

→ 2014년에는 새롭게 시작하기로 다짐했다.

어제 많은 양의 비가 내렸다.

→ 어제 비가 흠뻑 내렸다.

찬 바람을 맞으며 우리는 어색한 인사를 나누었다.

→ 찬 바람을 맞으며 우리는 어색하게 인사를 나누었다.

파이의 가족은 캐나다 이민을 위해 인도를 떠난다.

→ 파이의 가족은 캐나다로 이민하려고 인도를 떠난다.

패기에 찬 청년들이 세상을 바꾸려는 투쟁을 한다.

→ 패기에 찬 청년들이 세상을 바꾸려고 투쟁한다.

우리는 여기서 약간 조심스러운 구별을 해야만 한다.

→ 우리는 여기서 약간 조심스럽게 구별해야 한다.

'~을 통해'라는 표현 역시 한국어 문장에 그다지 어울리지 않으므로 되도록 '~에'나 '~(으)로'로 바꿔 쓰는 게 좋다.

여러 주제에 대해 다양한 데이터를 통해 명료한 답을 제시한다.

→ 여러 주제에 대해 다양한 자료로 답을 명료하게 제시
한다.

홈페이지를 통해 조세 회피자 명단을 공개했다.

→ 홈페이지에 조세 회피자 명단을 공개했다.

인간은 고난과 역경을 통하여 성장한다.

→ 인간은 고난과 역경을 헤치며 성장한다.

미자는 합의금을 통해 손자의 문제를 해결한다.

→ 미자는 합의금을 주고 손자의 문제를 해결한다.

꾸준한 독서를 통해 교양을 쌓자.

→ 책을 꾸준히 읽어 교양을 쌓자.

일본어 투 표현인 '~에 있어서'는 한국어 문장에 어울리지
않는다.

탈구조주의자들은 장르와 대중문화와의 관계에 있어서
포스트모더니스트일 수도 있다.

→ 탈구조주의자들은 장르와 대중문화의 관계에서 포스

트모더니스트일 수도 있다.

한국어는 교착어의 특징을 갖추었다. 교착이란 서로 들러 붙는다는 뜻인데 교착어인 한국어는 어근에 접사가 앞뒤로 붙거나 여러 조사가 다양하게 붙거나 동사나 형용사의 어미가 상황에 맞게 천차만별로 변하여 어간에 들러붙는다. 그러니 뭔가 들러붙기 전의 원래 모습인 기본형이 어떠한지 아는 것과 들러붙는 말인 접사와 조사와 어미를 잘 구별하는 능력은 한국어를 제대로 구사하는 데 긴요할 것이다. 그러면 더 붙여서 어색해진 표현과 덜 붙여서 어색한 표현도 분별할 수 있을 것이다.

'은/는'과 '이/가'를 구별하는 규정이 딱히 없으므로 차이를 설명하기가 쉽지 않지만 예를 비교해 보면 어감의 차이를 알 수 있다. 주어를 강조하려면 대개 조사 '이/가'를 붙이고 술어의 내용을 강조하려면 '은/는'을 붙인다. 구조가 같은 앞절과 뒤 절을 비교하거나 대조할 때는 앞 절의 주어를 '이/가'로 뒤 절의 주어를 '은/는'으로 처리하면 문장이 자연스러워진다.

여러분 중에 누가 번역자인가요?
내가 번역자예요.

당신은 어떤 일을 하시나요?

나는 번역자예요.

아내가 가난한 현실에 무기력하게 굴복했다면, 남편 크리
스는 그런 현실에서 행복을 찾고자 노력했다.

접사가 많이 들러붙는 것이 한국어의 특징이긴 하지만, 복
수형 접미사 '들'은 앞뒤 맥락으로 복수라는 사실을 잘 드러
내는 단어에는 붙이지 않는 편이 좋다. '우리들, 너희들, 여러
분들, 제군들, 여성들, 수많은 사건들'에서 접미사 '들'을 모
두 빼야 더 자연스럽다.

한국어에는 대명사처럼 쓰면 안 되는 부사가 있다. 모두,
스스로, 저마다, 서로 같은 단어가 그러한데, 이들 부사는 특
정 대상을 가리키는 말이 아니라 상태를 뜻하는 말이다. 현
행 어문 규정에서는 이 단어들을 대명사로도 인정하지만, 이
렇게 대명사처럼 취급하여 '은/는, 이/가, 을/를, 의' 같은 격
조사를 붙이면 부사의 원래 역할이 훼손될 수 있으므로 되도
록 삼가는 게 좋다.

우리 모두의 노력으로 → 우리가 모두 노력하여

스스로가 각성하여 → 스스로 각성하여

저마다의 기량을 마음껏 펼치며 → 저마다 기량을 마음

껏 펼치며

서로를 격려하며 → 서로 격려하며

   대명사 이야기가 나왔으니 덧붙이자면, 한국어 문장에는 같은 명사가 바로 다음 문장에 나오더라도 대명사로 받지 않고 원래 단어 그대로 살리는 경우가 잦다. 그래야 뜻도 더 잘 드러난다. 외국어 문장의 '그', '그것', '이것' 등을 곧이곧대로 받아들여 대명사로 옮기면 그 대명사가 도대체 무엇을 가리키는지 헷갈릴 때가 있다. 아래 번역문을 보자.

   코페르니쿠스의 『천체의 회전에 관하여』는 위대한 과학 저술이다. 그것은 선행 연구들이 그러하듯 그것을 경시하는 전통과 싸워야 했다.

   둘째 문장의 첫째 '그것'이 『천체의 회전에 관하여』를 가리킨다는 점을 어렵지 않게 알 수 있지만 둘째 '그것'이 무엇을 가리키는지 잘 드러나지 않아 독자에게 혼란을 일으킨다. 외국어 문장의 대명사를 기계적으로 '그'라고 옮기면 미묘한 어감을 놓칠 수 있다. 아래 번역문을 보자.

   우주론에서 케플러는 그의 타원보다 더 깊이 내재한 사물의 근거를 찾으려 했다.

위 문장에서 '그'는 문장의 주어인 케플러 자신을 가리키므로, '그의'를 재귀 대명사를 사용해 '자신의'라고 다듬어야 한국어 문장의 자연스러운 어감에 더 잘 맞는다. 주어가 명시된 문장에 주어에 해당하는 대명사가 또 나오면 '자기'나 '자신'으로 고쳐 옮기는 게 좋다.

> **원문** He expressed his view through his essay.
>
> **어색한 번역** 그는 그의 에세이를 통해 그의 관점을 표현했다.
>
> **적절한 번역** 그는 자신의 에세이로 자기 관점을 표현했다.

한국어는 의성어와 의태어가 발달했다. 이 특징을 잘 살리면 더 낫게 번역할 수 있다. 앞에서 '페이저'를 이긴 용어인 '무선 호출기'를 설명했는데 무선 호출기보다 일상에서 더 자주 쓰이는 표현이 있다. 의성어가 발달한 한국어 특징을 잘 살린 '삐삐'다. 이 표현은 무선 호출이라는 본래 기능을 기호처럼 표현한 좋은 번역이다. 공적 의사소통에서 사용되는 무선 호출기와 더불어 삐삐는 사적 의사소통 영역에서 병존한다. 삐삐처럼 사적 의사소통에서 두루 쓰이는 좋은 번역어 중에 깜빡이도 있다. 도로 교통법을 비롯한 공적 의사소통 영역에는 방향 지시등이란 말이 쓰이지만 일상 의사소통에서는 누구나 깜빡이라고 쓴다.

겨울에 천안 논산 간 고속도로를 달린 적이 있다. 터널을 지나자 눈길 주의 구간이 나왔는데 표지판에 이런 문구가 적혀 있었다.

Slow, Safe, Smile

한국 고속도로에 영어를 로마자로 덜렁 표기한 것도 못마땅하거니와 문법과 균형에 어긋나 안타까웠다. 한국어로 굳이 옮기자면 이렇다.

느린, 안전한, 웃음

의태어가 발달한 한국어의 특징을 잘 살리면 문장이 더 한국어다워지며 균형을 맞추기도 쉽다.

엉금엉금, 살금살금, 방긋방긋

한국어다운 표현이란 한마디로 한국인이 오래도록 자연스럽게 써 온 표현이다. 한국인이 오랜 세월 써 온 표현 방식이 근래에 들어온 용어나 표현 형식보다 전달력이 훨씬 뛰어나다는 점을 잊지 말자.

5장 문법 지식 갖추기

1. 문법 공부 요령

모든 품사와 문장 성분에는 다 제 역할이 있다. 그런데 제 역할을 벗어나 쓰이는 사례가 무척 많으니, 원래 목적에 어긋나지 않게 잘 구별하여 써야 한다. 부사의 쓰임새를 예로 들어 설명하겠다. 부사는 그다음에 오는 말이나 전체 문장의 뜻을 뚜렷하고 섬세하게 만드는 품사로서 문장 안에서 부사어라는 문장 성분으로 쓰인다. 품사란 성품이 비슷한 단어들을 묶어 부르는 이름이고, 문장 성분은 각 품사가 문장 안에서 어떤 역할을 하는지 규정한 이름이다. 부사가 아닌 다른 품사에 부사격 조사가 붙어 부사어가 되기도 한다. 부사어는 문장에서 필요한 경우도 있고 그렇지 않은 경우도 있다. 문장의 뜻을 바꾸거나 뜻을 뚜렷하게 만드는 부사어가 있는가 하면 뜻을 흐리거나 엉터리 문장으로 만드는 부사어도 있다. 내가 사는 아파트 벽에 이런 문구가 걸렸다.

쓰레기를 버리지 맙시다.

이 문장은 원뜻을 잘 전달하지 못한다. 주민들이 쓰레기를 아예 버리지 않을 수는 없기 때문이다. 여기에 '함부로'가 들어가면 정해진 곳에 제대로 버리라는 원뜻이 제대로 전달된다. 여기서 부사어 '함부로'는 있으면 좋은 게 아니라 꼭 있어야 하는 문장 성분이다.

1) 오늘 기분이 안 좋아요.
2) 오늘 기분이 무척 좋아요.
3) 오늘 기분이 진짜 좋아요.
4) 오늘 기분이 너무 좋아요.
5) 오늘 기분이 완전 좋아요.

'오늘 기분이 좋아요'라는 문장에 부사어 역할을 하는 말이 하나씩 들어갔다. 1번 문장의 '안'은 문장의 뜻을 아예 바꾸는 기능을 하므로 꼭 넣어야 할 성분이다. 2번 문장의 '무척'은 꼭 있어야 하는 건 아니지만 문장의 뜻을 더 선명하게 만들기에 있으면 좋다. '좋다'는 말이 가리키는 범위가 매우 넓기 때문이다. 3번의 '진짜'는 문맥에 지장을 주지 않는 평범한 강조 표현이다. 이 문장에는 명사인 '진짜'가 부사처럼 쓰였는데 다음 문장처럼 써야 진짜의 '진짜' 역할이 드러난다.

목적어로 쓰인 명사 복제품이 아닌 진짜를 감상해야 합니다.

관형어로 쓰인 명사 저 도자기는 복제품이 아니라 진짜 고
려청자입니다.

'진짜 좋아요'의 진짜는 별다른 뜻을 지니지 않은 단순한
강조지만 '진짜 고려청자'의 진짜는 가짜의 반대 뜻을 뚜렷
하게 드러낸다. 4번의 '너무'는 '지나치게'라는 뜻을 지녔으
므로 이런 맥락에 쓰는 건 맞지 않다. 역할에 맞게 제대로 쓴
문장은 다음과 같다.

수육을 너무 많이 먹었더니 배가 아프다.

5번의 '완전'은 명사로서 얼핏 부사어 기능을 하는 듯 보
이지만 서술어를 꾸미는 '완전'이라는 부사어는 없으므로 더
논의할 가치가 없다. 이런 원칙을 세우면 된다. 문장에 넣어
뜻을 바꾸거나 섬세하게 만들 때만 부사를 사용하자.

문법 공부를 하려면 딱딱한 어문 규정을 먼저 검토하기보
다 문법 원칙을 엉성하게나마 스스로 세워 보는 태도가 좋
다. 그래야 부족한 점도 보이고 오류도 금세 드러나 고치기
좋다. 처음 세운 원칙을 조금씩 다듬다 보면 현행 어문 규정
과 꽤 비슷해질 것이며 그러면 현행 규정의 미흡한 점이나

모순되는 부분도 찾아낼 수 있을 것이다.

문법 감각이 예민한 번역자는 한국어 문장도 맛깔스럽게 다룬다. 문법 감각이 무딘 번역자는 퇴고를 아예 편집부에 맡긴다. 국어 연구자 이성복은 『한국어 맛이 나는 쉬운 문장』에 '한글 2002' 프로그램의 자동 맞춤법 기능이 빨간 밑줄을 잘못 표시하는 사례를 조목조목 기록했다. 컴퓨터 자동 맞춤법은 표기가 틀렸을지 모른다고 알려 주고 경고할 뿐이지 어문 규정이 아니다. 훌륭한 안내자인 이성복은 번역자가 문법 활용의 주체가 돼야 한다는 점을 우리에게 알려 준다. 스스로 문법 원칙을 세우는 과정을 띄어쓰기로 예를 들어 순서대로 설명하겠다.

1) 치킨을 배달시켜 먹다가 궁금했다. 왜 치킨 전문점은 띄어 쓰고 치킨집은 붙여 쓰는가.

2) 닭집도 붙여 쓰는데, '닭 집' 하고 띄어 쓸 때와 어감이 좀 다르다. '닭 집'은 닭의 집인 닭장을 가리키지만 '닭집'은 도축한 닭인 생닭을 파는 가게를 가리킨다. 원뜻이 바뀌었다.

3) 짐작해 보면, 붙여 쓰면서 새로운 뜻이 나올 때 두 단어를 붙이는 게 아닐까?

4) 예를 들어, '중국 역사'를 '중국역사'라고 붙여 써야 할 이유가 없다. '중국역사'를 한 단어로 간주하려면 각

나라에 해당하는 200개 신조어를 아울러 인정해야 하므로 비효율적이다.

5) 다른 단어에도 적용해 보자. '명예퇴직'이 붙여 써야 하는 한 단어라면 '명예 퇴직'과 뭔가 다른 뜻이 있어야 한다. '명예 퇴직'은 말 그대로 명예로운 퇴직이다. 그런데 실제 직장에서 저렇게 쓰이는 법은 없다. 등 떠밀려 어쩔 수 없이 퇴직할 때 듣기 좋으라고 만든 말 아닌가. 명예와 퇴직이라는 두 단어가 조합한 뜻이 아닌 새것이 끼어들었으니 붙여 써서 '명예퇴직'이라는 새 단어를 만든 건 합리적이다.

6) 돌아가서, 치킨 전문점은 붙여 쓴다고 해도 각기 지닌 단어 뜻이 변하지 않으니 붙여 쓸 이유가 없다. 치킨집은 생닭을 튀겨 팔기도 했던 닭집의 변종 표현인데 구조가 같으므로 붙인다.

7) 일단 이런 원칙을 세우고 차차 보완하기로 한다. "붙여서 새로운 뜻이 생기지 않으면 굳이 두 단어를 붙여 쓰지 않는다."

이렇게 도출한 원칙을 다른 사례에 적용해 보자.

코 앞에 모기가 지나갔다.
시험이 코앞에 닥쳤다.

앞 문장에서는 코와 앞을 띄어 쓰고 뒤 문장에서는 붙여 썼다. 새로운 뜻이 나오지 않으면 붙일 이유가 없지만 두 단어가 합쳐져 새로운 뜻이 만들어진다면 붙여 쓰는 걸 허용한다. '코 앞'은 두 단어가 각기 지닌 뜻을 그대로 간직하고 있기에 띄어 쓰지만 '코앞'은 단지 특정 신체 부위의 앞이라는 뜻이 아니라 '가까운 미래'라는 새로운 뜻을 만들어 내므로 한 단어로 취급해 붙여 쓴다. 그러면 코앞은 국어사전에 오를 만한 자격이 생긴다. '뿌리 내리다'는 식물이 뿌리를 내린다는 뜻이지만, '뿌리내리다' 하고 붙여 쓰면 '정착하다'라는 뜻이 된다. '큰 소리'는 음량이 큰 소리를 가리키지만 '큰소리'는 호언장담을 가리킨다.

이기든 지든 한번 열심히 해 보자.
다음에 한 번 더 시도해 보자.

'한'과 '번'을 띄어 쓰면 '1회'라는 뜻이지만 붙여 쓰면 '일단'이나 '우선'처럼 새로운 뜻이 된다.

국제 연합: 국제적인 연합 일반을 가리킴
국제연합: 미국 뉴욕에 본부를 둔 국제 기구인 유엔을 가리킴

세계 내 존재: 세계 안에 있는 존재를 뜻함

세계내존재: 하이데거의 철학 개념을 뜻함

띄어 쓰기 단어를 붙여 쓰지 않고 떨어뜨려 쓰는 일

띄어쓰기 띄어 쓰거나 붙여 쓰는 원칙을 정리한 어문 규정

띄어 쓰는 일관한 원칙을 세우는 일은 무척 어렵다. 한국어에 서툰 사람이 우리에게 이 말은 왜 붙이고 이 말은 왜 띄느냐고 물으면 제대로 답하기가 매우 곤란하다. 그렇다고 어떤 문법책에서 선언하듯 의미 전달에 지장이 없으면 붙이든 띄든 상관없다고 주장해선 곤란하다. 의미 전달에 지장이 없다는 게 어떤 건지 규정할 수 없으므로 그 주장은 결국 편한 대로 아무렇게나 쓰라는 것과 다름없는 말이다. 섬세하게 띄어 써야 원뜻도 섬세하게 표현된다. 그래서 띄어쓰기를 공부하는 번역자는 '다른 두 단어는 띄어 쓴다'는 단순한 첫 규정으로 돌아가 되도록 예외가 나오지 않도록 검토할 필요가 있다.

우리가 문법을 배우는 목적은 의사소통을 더 섬세하고 매끄럽게 하기 위함이지 어문 규정을 익히고 외워서 지식을 뽐내기 위함이 아니다. 나는 어문 규정을 처음부터 정독하며 공부하는 방식을 권하지 않는다. 더디 걸리고 재미도 없을뿐

더러 효용도 낮다. 문법은 폭넓게 접근하는 것보다 한 가지 지식을 좁고 깊게 파 보는 편이 공부하는 데 더 유용하다. 한 가지 원리를 깨친 다음 다른 항목에 적용하고 응용해 보면 처음보다 훨씬 쉽다. 문법 원리는 다 비슷하기 때문이다. 이 절의 제목을 '문법 공부 원칙'이나 '문법 지식 개괄'처럼 붙이지 않고 '문법 공부 요령'이라고 붙인 것도 그 때문이다. 위에서 설명했듯 띄어쓰기 원칙도 마찬가지다. 띄어쓰기 일반 규정을 먼저 통달하고 사례에 적용하려고 하기보다는, 개별 사례를 따져 보면서 이 경우엔 띄어 쓰는 게 합리적일지 스스로 일반 규칙을 세워 보는 편이 좋다. 그러고 나서 어문 규정과 대조해 보면 문법 지식을 쉽게 쌓을 수 있다.

문법＝커다란 원칙＋작은 예외

커다란 원칙은 문법의 줄기로, 합리적으로 따져 물으며 이해하고자 노력해야 하고, 곁가지에 해당하는 몇몇 예외 규정은 외워 두면 된다. 문법은 수학 법칙과 달라서 늘 변하므로 언제나 예외가 생기고, 그 예외도 늘 바뀐다. 그렇다고 예외 사례를 모두 외우려고 하기보다는 자주 쓰는 것부터 차근차근 익히는 게 좋다. 문법을 따져 묻기보다 일단 외워 두는 게 더 효율적일 때도 적지 않다. 자, 암기 연습도 한번 해 보자. '게'의 암컷은 예사소리인 '암게'인데 '개'의 암컷은 거센소리인 '암캐'다. 왜 그런지 문법적으로 말끔하게 해명하기가 쉽지 않다. 해명하지 않아도 된다. 운전자는 자동차가 어떤 원리로 움직이는지 알 필요가 없고 운전만 잘하면 되듯, 번역자도 어문 규정에 어긋나지 않게 올바르게 쓸 수 있으면 그것으로 충분하다.

> **커다란 원칙** 암수를 구별하여 표현할 때는 해당 단어 앞에 '암/수'만 붙인다.
> **작은 예외** 일부 단어는 암/수 뒤에 오는 첫음절이 거센소리로 바뀐다.

암수를 구별할 때 작은 예외에 해당하는 단어는 9개다. 강아지, 개, 것, 기와, 닭, 당나귀, 돌쩌귀, 돼지, 병아리. 이 단어들이 접두사 암/수를 만나면 아래처럼 첫음절이 거센소리로 바뀐다.

암캉아지, 암캐, 암컷, 암키와
암탉, 암탕나귀, 암톨쩌귀, 암퇘지
암평아리

예외 9개의 첫음절만 따서 외워 보자. 아래에는 한 번 적었지만 딱 열 번만 반복하여 크게 소리 내 읽어 보면 입에 익을 것이다.

칼, 캐, 컷, 키

탉, 탕, 톨, 퇘,

평

복습해 보자. 그럼 '암게'가 맞는 표현인가, '암케'가 맞는
표현인가? '암캐'만 예외이므로 '암게'라고 써야 맞다. '수벌'
인가 '수펄'인가? 예외 사례인 '칼, 캐, 컷, 키, 탉, 탕, 톨, 퇘,
평'에 없으므로 수벌이 맞다. 여기까지 외우면 목적지에 거
의 다 온 셈이다. 마저 외워야 할 예외가 3개 더 있다. '암'이
붙을 때는 문제가 없지만, 일부 단어 앞에 '수'가 붙을 때는
사이시옷을 넣어 '숫'으로 쓸 때가 있다. 양, 염소, 쥐 앞에
는 사이시옷을 넣는다. 역시 첫음절만 따서 '양, 염, 쥐' 이렇
게 외워 두자. '숫양, 숫염소, 숫쥐', 이 세 단어에만 사이시옷
이 붙는다. '숫말'인가, '수말'인가? 예외에 없으므로 사이시
옷을 붙이면 안 되고 조금 어색해 보여도 '수말'이라고 써야
맞다. 이제 암/수 접두사에 관한 문법 사항은 정리가 끝났다.
내가 설명한 방법이 매우 무식하기는 해도, 이렇게 예외 사
례를 한번 외워 두면 두고두고 편하다. 사용법이 몸에 완전
히 익고 나면 거센소리는 '수'와 'ㅎ'의 결합 때문에 나온 것
이라든지, '순냥'이나 '순념소'처럼 'ㄴ'과 'ㄴ' 소리가 덧나
는 사잇소리 현상에 대한 관심도 싹틀 것이다. 문법 분석은

그때 해야 효율이 높다..

글쓰기 강의 과제물을 첨삭하면서 띄어쓰기를 비롯해 문법 오류를 검사할 때 보면 의존 명사와 조사를 구별하지 못하여 잘못 표기하는 경우가 가장 많다. 내가 자주 지적하는 사항 중 하나는 '때문에', '나름대로', '뿐만 아니라' 등을 문장 첫머리에 적는 일이다. '때문'과 '나름'과 '뿐'은 의존 명사라서 홀로 쓰이지 못한다. 그런데 번역서를 보면 이것들이 버젓이 문장 첫머리에 나오는 경우가 있다. 뉴스를 전하는 아나운서나 기자도 자주 실수한다.

때문에 칸트는 독단이라는 선잠에서 깨어날 수 있었다.
→ 그러하기 때문에 칸트는 독단이라는 선잠에서 깨어날 수 있었다.

나름대로 대책을 세우긴 했으나 아직 미흡하다.
→ 그 나름대로 대책을 세우긴 했으나 아직 미흡하다.

뿐만 아니라 리스트는 피아노 연주자 쇼팽의 평전도 썼다.
→ 그러할 뿐만 아니라 리스트는 피아노 연주자 쇼팽의 평전도 썼다.

'뿐'을 쓸 때는 의존 명사 말고 조사를 활용해 '그뿐 아니라'라고 써도 된다.

표기하는 글자는 같은데 어떤 때는 조사나 접미사라서 붙여 쓰고, 어떤 때는 의존 명사라서 띄어 쓰는 말이 있다. 비슷한 글자가 어미에 들어가기도 하고 의존 명사에 들어가기도 한다. 어미는 용언의 줄기가 되는 어간에 붙어서 활용하므로 띄어 쓰면 안 된다.

1) **지** [의존 명사] 남동생이 가족을 외면한 지 오래되었다.
2) **(ㄴ)지** [어미] 남동생이 언제 오는지 궁금하다.

2번 문장에서 '오는지'의 '는지'는 어미이므로 어간인 '오'에 붙여 써야 한다. 여기에 익숙해진 탓인지 '~이래'라는 뜻을 지닌 의존 명사 '지'를 붙여 쓰는 경우가 있는데 어법에 맞지 않다. 의존 명사는 앞말과 띄어 써야 한다.

1) **간(間)** [접사] 글쓰기 강연을 120분간 진행합니다.
2) **간(間)** [의존 명사] 미국과 중국 간의 알력 다툼

1번의 '간'은 '동안'이라는 뜻을 더하는 접미사이므로 앞말에 붙여 쓰고, 2번의 '간'은 '관계'를 뜻하는 의존 명사이므로 띄어 쓴다.

1) 데 [의존 명사] 음악 소리는 번역 공부하는 데 방해만 된다.

2) (ㄴ)데 [어미] 번역 공부하는데 음악 소리가 들렸다.

1) **대로** [조사] 너는 너대로 나는 나대로 각자 길을 가자.

2) **대로** [의존 명사] 말하는 대로 될 수 있다는 걸 왜 몰랐을까.

1) **만큼** [조사] 교정만큼 힘들고 어려운 게 교열이다.

2) **만큼** [의존 명사] 뺄 수 있을 만큼 모조리 빼는 게 올바른 교정 태도다.

1) **뿐** [조사] 인생은 한 번뿐이니까 가치 있게 살자.

2) **뿐** [의존 명사] 인생은 돌이킬 수 없을 뿐 아니라 미리 경험할 수도 없다.

생긴 모습이 같다고 하여 역할까지 같은 건 아니다, 한국어 문법이 그래서 어렵다.

'씨'는 성 뒤에 붙여 쓰면 가문을 가리키는 접사가 되고, 성이나 이름 뒤에 띄어 쓰면 그 사람을 높이는 의존 명사가 되며, 홀로 쓰면 대명사가 된다.

배우 하정우 씨의 아버지는 배우 김용건 씨다. 하정우의
성은 원래 김씨다. 씨는 이제 아버지의 후광에서 완전히
벗어났다.

첫째 문장에서 '하정우 씨'라고 띄어 쓴 건, '씨'가 하정우
를 높이는 의존 명사로 쓰였기 때문이다. 둘째 문장에서 '김
씨'라고 붙여 쓴 건, '김'이 성이라는 것을 확인시키는 접사로
'씨'가 쓰였기 때문이다. 드물긴 하지만 셋째 문장에서처럼
'씨'를 대명사로 써도 된다.

한국어에는 모양은 같은데 동사로도 쓰이고 형용사로도
쓰이는 단어가 있다.

1) **굳다** [동] 비 온 뒤에 땅이 더 굳는다.
2) **굳다** [형] 형은 신념이 굳은 사람이다.

1) **밝다** [동] 새로운 역사, 새로운 시대가 밝았다.
2) **밝다** [형] 밖은 껌껌한데 안은 휘영청 밝다.

1) **있다** [동] 무기여 잘 있어라.
2) **있다** [형] 물결표로 감정을 표현하는 사례가 있다.

1) **크다** [동] 조카의 키가 1년 만에 훌쩍 컸다.

2) **크다** [형] 조카의 덩치가 또래에 비해 크다.

동사나 형용사의 뜻을 보완하는 보조 동사나 보조 형용사를 아울러 보조 용언이라고 부르는데, 이 보조 용언은 모두 본 용언과 띄어 쓰는 것이 원칙이다. 그런데 띄어 써도 맞고 붙여 써도 맞는 예외 사례가 있다. '생각해 보자'라고 써도 되고 '생각해보자'라고 써도 된다. 이것은 번역자가 아닌 편집자가 판단하는 게 바람직한 것 같다. 그러니 번역자는 보조 용언이 나오면 일관하여 띄어 쓰고 편집부에 초고를 넘기면 된다. 번역문을 첨삭하다 보면 아래처럼 띄어쓰기 일관성이 깨진 문장을 자주 보게 된다.

당신에게 여유로운 시간과 금전이 있고 지식과 경험이 충만하다고 생각해보자. 당신의 삶이 모든 면에서 완벽하다고 생각해 보면 사람들을 대하는 태도가 달라질 것이다.

이 문장이 그대로 단행본으로 출판된다면 독자는 번역문이 엉망이라며 번역자를 비웃을 것이다. '생각해 보자'가 맞는지 '생각해보자'가 맞는지 독자가 잘 알아서라기보다는 저 번역에 일관성이 깨졌다는 점을 어느 독자든 쉽게 알 수 있기 때문이다. 위 문장을 쓴 번역자는 보조 용언에 대한 일관한 원칙이 없고 그저 감에 의존하여 글을 썼다. 감을 믿지 말고 어문 규정이나 스스로 세운 원칙을 믿으라. 허용되는 규칙이 두 개 있으면 원칙에 더 가까운 원래 것을 따르라.

2. 문장 부호 사용

따옴표(" ", ' ')

내가 번역하면서 가장 쓰기 까다로웠던 문장 부호는 따옴표다. 인용에는 다른 사람의 말이나 글을 그대로 옮기는 직접 인용과 내용은 살리되 인용하는 사람의 말투로 바꾸어 옮기는 간접 인용이 있다. 이 두 가지만 아는 건 어렵지 않지만, 어문 규정을 벗어나 그 둘의 절충 형태가 널리 통용된다는 점 때문에 인용 부호를 제대로 쓰는 게 까다롭다. 직접 인용에는 큰따옴표를 사용한다. 간접 인용에는 따옴표를 아예 쓰지 않는다. 더러 작은따옴표를 사용하여 원래 문장의 일부를 따와서 간접 인용 말투로 서술하는 경우가 있는데, 이때 따옴표는 인용 부호라기보다 강조 표시라고 봐야 한다. 간접 인용에는 따옴표를 쓰지 않기 때문이다. 아래 문장은 따옴표가 잘못 표기됐다.

번역 동호회 게시판에서 '번역은 제2의 창작이 아니다'라
는 글을 본 적이 있다.

'번역은 제2의 창작이 아니다'라는 문장은 게시판에 있는
글과 동일하므로 큰따옴표를 써서 직접 인용으로 처리해야
한다.

번역 동호회 게시판에서 "번역은 제2의 창작이 아니다"
라는 글을 본 적이 있다.

아니면 아래처럼 간접 인용으로 처리해도 된다.

번역 동호회 게시판에서, 번역은 제2의 창작이 아니라고
주장하는 글을 읽었다.

아래는 인용문처럼 보이는 강조문이다.

'삶의 의욕을 상실했다'는 정황은 분명하다.

이 문장에서 작은따옴표로 처리한 부분은 인용이 아니라

단순한 강조이므로 따옴표 없이 간접 인용으로 처리하되, 군이 해당 구절을 강조하려면 다음처럼 '상실'에 작은따옴표를 표기해도 괜찮다.

삶의 의욕을 '상실'한 정황은 분명하다.

자기 생각을 인용으로 처리하는 건 어색하므로 삼가야 한다.

'좋은 번역이라는 것이 무엇일까'라는 생각을 많이 해 보았다.
→ 좋은 번역이 무엇일지 자주 생각해 보았다.
→ '좋은 번역'이 무엇일지 자주 생각해 보았다.

출처가 분명하지 않은 일반 지식은 간접 인용으로 처리하는 게 좋다.

'오역 없는 번역서는 없다'라는 말이 있다.
→ 오역 없는 번역서는 없다는 말이 있다.

아래처럼 문장 중간에 뜬금없이 물음표를 쓰면 안 된다. 간접 인용에는 물음표가 필요 없으며, 직접 인용에는 큰따옴표를 둘러 주어야 한다.

협동조합이 잘되려면 어떻게 해야 할까요?라는 질문에
스스로 답을 찾으라는 답변이 돌아왔다.

→ 협동조합을 잘 운영하려면 어떻게 해야 하느냐는 질
문에 스스로 답을 찾으라는 답변이 돌아왔다.

→ "협동조합을 잘 운영하려면 어떻게 해야 합니까"라는
질문에 "스스로 답을 찾으십시오"라는 답변이 돌아왔다.

어문 규정에 나오지는 않지만, 인용문이 문장의 한 성분으
로 쓰일 때는 인용 문장을 따옴표로 닫기 전에 마침표를 찍
지 않는 게 낫다는 견해도 있다. 마침표의 기능이 문장을 매
조지는 것이므로 문장이 끝나지도 않았는데 인용 구절에 마
침표를 찍는 건 어색하거니와, 안 찍는다 하여 문제 될 것이
없으니 찍지 않는 게 합리적인 것 같기도 하다. 그런데 이렇
게 원칙을 바꾸어도 문제는 남는다. 인용문이 여러 문장일
때는 마침표가 여러 개 붙기 마련인데 이 마침표들을 어떻게
처리할지 난감해진다. 모두 쉼표로 바꾸는 방안을 생각해 볼
수 있는데 그러면 원래 쉼표로 쓴 구절과 구별이 안 되므로
곤란하다. 그리고 문장을 맺는 기능을 하는 부호는 마침표뿐
아니라 물음표와 느낌표도 있으므로 일관하게 적용하기가
쉽지 않다. 그렇게 보면 원래 어문 규정을 잘 지켜 표기하는
것도 여전히 무난하고 괜찮은 방법이다. 번역자는 어떤 경우
든 일관한 원칙만 지켜서 편집부에 원고를 전달하면 된다.

플라톤은 "올바름은 우리 발밑에 있다네."라는 소크라테
스의 말을 상기했다. (현행 규정)
플라톤은 "올바름은 우리 발밑에 있다네"라는 소크라테
스의 말을 상기했다. (허용)

작은따옴표는 인용 부호가 아니라 강조 기능을 하는 문장
부호다. 그런데 작은따옴표를 남용하면 문장이 무척 지저분
해진다. 강조할 필요가 없는 단어에 작은따옴표를 쓰는 건
적절하지 않으며, 굳이 써야 하면 처음 한 번만 쓰면 된다.

친구 '지원'을 만났다. '지원'은 대학교 같은 과 동기다.
→ 친구 '지원'을 만났다. 지원은 대학교 같은 과 동기다.

특별히 강조할 필요가 없는 말까지 작은따옴표를 치면 문
장이 지저분해진다.

1장에서 저자는 사회학자들이 변동의 성질은 어떻게 규
정했는지, 변동의 추동력은 무엇이라고 생각했는지 설명
하고 있다. '변동'에 대한 개괄적 설명을 듣고 나니 진정
한 '발전'은 무엇일까 의문이 들지 않을 수 없었다.
→ 1장에서 저자는 사회학자들이 '변동'의 성질을 어떻게
규정하고 그 추동력은 무엇이라고 생각했는지 설명한다.

변동에 대해 대강 설명을 들으니 진정한 발전이 무엇인
지 의문이 들었다.

다음은 플라톤의 『국가·政體』(박종현 역)에 나오는 동굴 비
유 부분을 요약한 건데, 원문에는 작은따옴표가 없다. 쓸데없
이 붙이면 얼마나 지저분한지 보여 주려고 한번 붙여 보았다.

교육 '부족'과 관련한 우리 성향을 이런 처지에 '비유'해
보자. 동굴 안에서 불빛을 등지고 입구를 향해 몸이 '결
박'된 사람들이 있다. 동굴 안쪽 벽에 그림자극처럼 자신
들 모습이 비치고, 뒤에서 사람들이 인물상이나 동물상
등을 쳐들고 지나간다. 고개를 '평생' 돌리지도 못했다면
이들은 벽에 비치는 걸 '실물'이라 생각한다. 그런데 '누
군가' 풀려났다고 생각해 보자. 목을 돌리고 불빛 쪽으
로 가도록 '강요'당하면 그는 눈부심으로 고통스러워하
며 '실물'을 잘 볼 수 없을 것이다. 불빛을 '바로' 보기는
힘들겠지만 그림자 아닌 '실제' 지나가는 것들을 보면 전
에 본 것보다 더 '참된' 것이라 믿게 된다. 누군가 그를 동
굴 '밖'으로 끌어낸다면 눈이 부셔 '아무것'도 볼 수 없지
만 차츰 빛에 '익숙'해질 것이다. 먼저 그림자를 보고 비
친 것을 보며, '실물'을 본 다음에는 하늘과 해를 본다. 이
사람은 자기가 갇혔던 곳을 생각하며 그 처지에 있는 이

들을 '불쌍하다' 여긴다.

따옴표 없이 맥락으로 그 뜻을 강조하는 편이 더 근사한 글월이다. 작은따옴표가 유용할 때는 다음과 같은 경우다.

먼저, 잘못된 표현이나 권장하지 않는 표현을 일부러 쓴다는 걸 알리고자 쓴다.

요즘 힐링이 유행하고 있다.

→ 요즘 '힐링'이란 말이 유행한다.

그는 오역 비판을 쿨하게 받아들였다.

→ 그는 오역 비판을 '쿨'하게 받아들였다.

작은따옴표는 사전에 규정된 첫째 뜻이나 상식적인 정의와 다르게 용어를 규정할 때 쓴다. 인문학에서 '운동'은 모든 변화 일반을 가리키는 말이므로 국어사전에 나온 일반적인 뜻과 다르다는 점을 독자에게 주지시키려면 그 용어가 처음 나올 때 작은따옴표를 치면 된다.

존재가 '운동'한다면 그건 존재가 아니라 비존재에 가깝다.

작은따옴표는 그 단어를 조사나 접사와 구분해 주어 읽기
편하게 돕는 역할도 한다.

'반딧불이'가 내는 빛이 '반딧불'이다.
'잘'은 동사 앞에서만 쓰이고 '무척'은 형용사 앞에서만
쓰인다.

작은따옴표로 두른 대목은 글쓴이가 쓴 표현이 아니라는
점을 암시한다.

비트겐슈타인은 … 케임브리지에서 '바보 같은 직업'인
교수직을 맡았다.
— 로버트 솔로몬 · 캐슬린 히긴스(지음), 박창호(옮김),『세상의 모든
철학』, 이론과실천, 2007년, 436쪽

위 문장의 '바보 같은 직업'은『세상의 모든 철학』의 저자
가 아니라, 비트겐슈타인 또는 그 주변 인물이 한 말일 것이
다. 원문에 이탤릭체나 볼드체로 표시된 부분을 제대로 옮기
기가 쉽지 않은데, 이는 대개 고유 명사이거나 고유 명칭 또
는 제목일 확률이 높으므로 한국어 문장에서 일단 작은따옴
표로 처리한 다음 맥락에 맞게 겹화살괄호를 쓰거나 큰따옴
표로 대체하면 무리가 없을 것이다.

마침표(.)

마침표에는 글월을 매조지는 기능 말고 원래 있던 말을 대체하는 기능도 있다.

2009. 5. 23

위 표기를 규정대로 읽으면 '2009년 5월 23'이 되어 온전하지 않다. 그러니 23 뒤에도 '일'을 생략했다는 약속인 마침표를 찍어야 한다.

2009. 5. 23.

두 팀이 경기에서 맞붙거나 경쟁 구도를 표현할 때 한국어 문장 부호나 의존 명사 '대' 대신 로마자로 표기된 기호(vs)를 적으려면 점을 찍어 줄임말이란 걸 알리는 게 좋다.

미분법의 창시자가 누구냐는 학계의 논쟁은 이렇게 전개됐다.
뉴턴 추종자 vs. 라이프니츠 추종자

쉼표(,)

쉼표는 읽는 사람에게 여기쯤에서 끊어 읽으면 좋다고 제
안하는 부호인데. 아무 데나 붙이면 오히려 읽기에 성가시
다. 어디서 끊어 읽어야 좋을지 독자 처지에서 생각해 보라.

쉼표를 남발한 문장

떠오르는 붉은 태양을 보거나, 붉은 깃발이 나부낄 때, 우
리는 반응하지 않을 수 없다. 빨강은 심박수를 높이고, 호
흡을 가쁘게 하며, 몸을 달아오르게 한다.

쉼표를 적절히 쓴 문장

인생의 반고비에 해야 할 작업이 있는데, 여기저기 다른
모습으로 흩뿌려 놓은 자신들을 한 종류로 통합하는 일
이다.

문장 부호 필요 여부를 판단하는 기준은 간단하다. 빼도
문장 뜻에 지장이 없으면 빼는 게 맞다.

모두 하나가 되어, 글을 쓰고, 문제를 풀고, 수다를 떤 이
시간이 잊혀지지 않을 것 같다.
→ 모두 하나가 되어 글을 쓰고 문제도 풀고 수다를 떤

이 시간이 잊히지 않을 것 같다.

콧물, 코 막힘으로 인해 의사, 약사를 만나면 항히스타민제, 비충혈억제제를 처방받을 것이다.
→ 콧물이 흐르거나 코가 막혀 의사나 약사를 찾으면 항히스타민제나 비충혈억제제를 처방받을 것이다.

쉼표는 문장을 종결하지 않으면서도 독자의 호흡을 조절해 주는 역할을 한다. 다음 문장에 물음표가 반복하여 들어갔는데 원문이 그렇다 하여 번역문에서 기계적으로 따를 필요가 없다. 물음표 대신 쉼표를 적절하게 쓰면 문장이 조금 더 매끄러워진다.

그를 만나면 묻고 싶다. 왜 그 이야기를 썼는지? 어디서 소재를 얻는지? 어디서 글을 쓰는지? 얼마나 걸리는지? 다음 책은 어떤 내용인지?
→ 그를 만나면 묻고 싶다. 왜 그 이야기를 썼는지, 어디서 소재를 얻는지, 어디서 글을 쓰는지, 얼마나 걸리는지, 다음 책은 어떤 내용인지?

줄표(—, 대시)

　줄표는 괄호를 치자니 독자의 맥을 끊을 것 같고, 그냥 넘어가자니 세부 내용을 빠뜨리는 것 같아 찜찜할 때 쓰는 보충 부호다. 줄표를 굳이 써야 한다면 이 점을 명심해야 한다. 어떤 경우라도 읽는 흐름을 끊지 말 것. 다음 문장을 천천히 읽어 보자.

　　오늘만큼은 선생으로 —배우는 학생이 아닌— 이 자리에
　　섰습니다.

　'학생이 아닌'과 '이 자리에'가 자연스럽게 연결되지 않으므로 독자 시선의 흐름은 '학생이 아닌'에서 잠시 멈추었다가 '선생으로'로 돌아가고 다시 '이 자리에'로 넘어온다. 다음처럼 다듬으면 독자는 한 호흡으로 자연스럽게 읽을 수 있다.

　　오늘만큼은 '배우는 학생이 아닌' 선생으로 이 자리에 섰
　　습니다.
　　오늘만큼은 선생으로 —배우는 이가 아닌 가르치는 이로
　　— 이 자리에 섰습니다.

예를 하나 더 보자.

　그곳은 내가 태어나 처음으로 —사실 네 살 이후 기억밖
　에 없다— 가 본 장소였다.

'기억밖에 없다'와 '가 본'이 잘 이어지지 않아 어색하다.
아래처럼 고치면 가로쓰기의 순방향인 오른쪽으로 자연스럽
게 읽힌다.

　그곳은 내가 태어나 처음으로 —정확히 말하면 네 살 이
　후 처음— 가 본 장소였다.

　번역자는 독자에게 문장 앞으로 되돌아가서 읽는 번거로
움을 주어선 안 된다. 줄표 안에 보충해야 할 말이 절(문장)
단위 이상으로 길어지면 더 주의해야 하는데, 줄표 바로 앞
에 있던 단어를 줄표를 닫기 전에 다시 써 주면 좋다.

　한마디로 그것은 진보 —17세기 이래 서구 어느 곳에서
　나 받아들여졌던 진보, 기술과 자연을 지배함으로써 얻어
　지는 진보— 이다.

　다음 문장은 줄표로 '추상적 사고 능력'을 보충했는데 '허

용되는'과 '을'이 붙어 있어 읽기가 자연스럽지 않다. '능력'
에 대한 보충 설명이니까 '능력'을 다시 써 주면 자연스러워
진다.

> 그것은 용기와 추상적 사고 능력 —위대한 천부적 재능
> 의 하나이며, 대단히 드물게 볼 수 있는 기질에게만 허용
> 되는— 을 필요로 했다.
> → 그것은 용기와 추상적 사고 능력 —위대한 천부적 재
> 능의 하나이며, 대단히 드물게 볼 수 있는 기질에게만 허
> 용되는 능력— 을 필요로 했다.

다음 예문은 같은 말을 반복하지 않고 품사가 같은 다른
말을 활용했다.

> 세 번째 것은 데카르트가 "기상학"이라고 부른 것 —실제
> 로는 물리적 환경— 을 다룬다.

'것'의 품사(명사의 일종인 의존 명사)와 '환경'의 품사(명사)가
비슷하므로 목적격 조사 '을'이 붙어도 '환경을 다룬다'라고
자연스럽게 읽을 수 있다.

번역문을 적절하게 고친 예를 하나 더 들겠다.

잘 생각해 보면 데카르트의 자연관에 난점이 있다는 것
이 "명백" —이것이야말로 데카르트가 원했던 것이다—
한 것처럼 보인다.

→ 잘 생각해 보면 데카르트의 자연관에 난점이 있다는
것이 "명백"해 —데카르트가 그리 원했듯 명석판명하게
— 보인다.

줄표는 앞말을 보충하는 역할을 맡은 부호이므로 문장을
종결하며 부연할 때는 열고 닫을 필요 없이 하나만 써도 된
다. 줄표에 의존하지 않고 본문 안에 내용을 녹여 넣을 수 있
다면 그렇게 하는 게 더 낫다. 더구나 외국어 문장을 옮기면
서 원문에 없는데도 줄표를 넣어 보충 설명을 하면 안 된다.

괄호(( ))

괄호는 바로 앞말을 보충하는 부호인데, 어디서 열고 어디
서 닫아야 할지 헷갈릴 때가 있는데, 원문과 똑같이 괄호 위
치를 정하면 자칫 어색해진다. 괄호 위치에 유의하여 아래
문장을 검토해 보자.

사주팔자란 사람이 태어난 순간의(천간과 지지가 결합한)

육십갑자로 나타낸 것이다.

→ 사주팔자는 자신이 태어난 순간의 육십갑자(천간과 지
지의 결합)로 나타난다.

아래 문장에 쓰인 괄호도 들어가야 할 곳을 잘못 찾았고
제 역할을 하지도 못했다.

류현진은 11승째를 올리며 평균 자책점(2.99)을 한 달 만
에 2점대로 낮추었다.
　　—『한겨레』, 「점점 가까워지는 신인왕」, 2013년 8월 9일자

괄호의 역할은 앞 단어나 앞 구절과 동격을 이루면서 내용
을 보충하는 것이다. 여기서 '평균 자책점'은 류현진에게만
해당하는 것이 아니라 일반 용어이므로 류현진의 평균 자책
점을 부연하면 어색하다. 다음처럼 고쳐 보자.

류현진은 11승째를 올리며 평균 자책점(9회로 환산한 평균
실점)을 한 달 만에 2.99로 낮추었다.

아리송한 어감을 전달하려고 해당 단어 뒤에 괄호를 두른
물음표를 쓰는 사람들이 있다. 이것은 원래 퇴고 과정에서
미심쩍은 단어나 구절에 빨간색으로 표시하는 교정 부호이

므로 번역문에 직접 사용하면 안 된다. 미심쩍은 느낌은 문맥과 단어로 전달해야지 너절하게 억지 부호를 만들어 쓰면 곤란하다.

허먼 램은 은행 강도 기술의 선구자(?)로서 많은 은행 강도들을 성공(?)의 길로 인도했다.

더러 물음표나 느낌표를 겹쳐 쓰는 사람들도 있는데 매우 품위 없는 표현 방식이다.

서양 철학은 플라톤의 부록에 불과하다고 했던가요??
오캄의 면도날은 또 뭐란 말인가!!!
공리주의는 사회 공공의 이익을 추구한다는 뜻?!

괄호는 그 안에 들어갈 내용이 앞말의 뜻을 명확히 규정하거나 바로잡거나 추가 정보를 전할 때만 쓰임새가 생긴다.

나는 보다(더) 많은 사람들이 카시러를 읽기를 바란다.

위 문장의 괄호는 '보다'를 바로잡는 역할을 했다. '보다'는 표준어로 채택되어 '좀 더'란 뜻을 표현하는 부사로 쓰이기도 하는데 썩 좋은 표현이 아니다. 비교를 나타내는 조사로

만 쓰는 게 좋다.

화살괄호(⟨ ⟩, ⟪ ⟫), 낫표(「」, 『』)

화살괄호와 낫표는 창작물의 제목을 표기할 때 주로 쓴다. 낫표는 원래 세로쓰기 문장에만 쓰던 부호인데 세로쓰기가 사라지면서 가로쓰기 문장에도 등장했다. 출판사나 매체마다 표기 방침이 조금씩 달라서 커다란 원칙만 정리하자면, 개별 작품이나 종합 창작물의 일부인 저작물을 가리킬 때는 홑화살괄호나 홑낫표를 쓰고, 단독 저자의 출판물인 단행본을 포함해 여러 개별 항목이 합쳐진 창작물을 가리킬 때는 겹화살괄호나 겹낫표를 쓴다.

> 김소진의 단편 소설 ⟨자전거 도둑⟩은 소설집 ⟪자전거 도둑⟫에 실린 작품이다.
> 「축배의 노래」는 오페라 『라 트라비아타』에 나오는 곡이다.

⟨자전거 도둑⟩이나 「축배의 노래」는 그 자체로 완결성을 지녔으므로 화살괄호나 낫표로 표기하지만, 논문의 한 장이나 일간지나 잡지의 기사 하나를 표기할 때는 큰따옴표로 처

리해도 좋다.

『인물과 사상』 2013년 5월호에 실린 고려대 법대 교수 김기창의 "한국의 IT 보안은 새 출발이 필요하다"를 읽어 보자.

화살괄호와 낫표에 대해서는 반드시 그렇게 해야 한다는 규정이 없으므로, 번역자는 커다란 원칙을 세워서 작품의 특성과 규모가 잘 드러나도록 일관성을 지켜 표기하면 된다.

가운뎃점(·)

쉼표로 모든 단어를 열거하지 않고, 나열된 단어들 가운데 종류가 같거나 연관성이 높은 것끼리 묶을 때 가운뎃점을 쓰면 좋은데, 줄임표가 아니라는 점을 각별히 주의해야 한다.

데카르트·라이프니츠·스피노자, 로크·버클리·흄이 전개한 인식론

열거된 철학자 모두 인식론을 연구한 사람들이지만, 수학을 연역 추론 도구로 쓴 사람들을 한데 묶고 감각 경험을 귀

납 추론의 도구로 쓴 사람들끼리 묶음으로써 전달하고자 하는 문장의 뜻을 더 뚜렷하게 만들었다.

줄임표(……, …)

글의 일부를 생략할 때 가운뎃점 여섯 개를 찍는 게 원칙이지만 가운뎃점 세 개로 표기해도 된다. 어문 규정에는 마침표 바로 앞에 쓰여 문장을 마치는 줄임표만 나오기 때문에, 문장 처음이나 중간에 쓰는 줄임표의 앞과 뒤를 어떻게 띄어야 할지 판단하기가 쉽지 않다. 다음에 나오는 원칙은 어문 규정이 아니라 번역문을 처리할 때 내가 쓰는 원칙이다.

— 문장 처음에 쓰는 줄임표는 뒷말에 붙여 쓴다.
— 문장 중간에 쓰는 줄임표는 앞뒤를 띄어 쓴다. 단, '백운…직지심체요절'처럼 글자가 많은 한 단어를 줄일 때는 앞뒤를 붙인다.
— 문장 끝에 쓰는 줄임표는 앞말에 붙여 쓴다.
— 저자가 쓴 줄임표와 구별하기 위해 역자 줄임은 '[…]' 또는 '[전략], [중략], [후략]' 등으로 표기하고 일러두기(범례)에 그 사실을 밝혀 둔다.

…문장을 창작하는 사람의 과제는 고대와 이후 역사에
대한 연구를 통하여 수양된 감수성을 가지고 스스로 사
건들에 반응하는 것이다 … 보편적인 것은 특수한 맥락
에 상응하는 속에서만….

줄임표를 사용할 때 주의할 점이 있다. 줄인 말이 없는데
도 여운 효과를 내려고 줄임표를 쓰는 경우가 있는데 이건
겉멋 든 엉터리 표현이다.

문학 비평의 최고봉은 역시 라캉이군….

줄임표의 기능은 원래 할 말이 있지만 굳이 표현하지 않고
생략하는 것이므로, 다음과 같이 말을 끌거나 여운 효과를
내려고 사용하면 안 된다.

오… 아가… 엄마가 미안해… 너를 제대로 보살펴 주지
못했구나.
→ 오오, 아가, 엄마가 미안해. 너를 제대로 보살펴 주지
못했구나.

이상했다… 전에도 몇 번 오른 적이 있는데 한 번도 절을
보지 못했기 때문이다.

→ 뭔가 이상했다. 전에도 몇 번 오른 적이 있는데 한 번
도 절을 보지 못했기 때문이다.

물결표(~)

휴대 전화 문자 메시지를 보내며 쓰는 거야 상관할 바 아
니지만, 기사문이나 단행본 원고에 감정을 표현하는 도구로
물결표를 쓰는 건 저질 의사소통이다. 부호의 원래 역할을
망칠뿐더러 섬세한 의사소통까지 가로막는다.

오~! 21세기 한국에서 부활한 니체 정신.
시오노 나나미는 내가 너~무 좋아라 하는 작가다.

부연 설명을 듣고서야 '아~' 고개를 끄덕였다.
→ 부연 설명을 듣고서야 '아하' 고개를 끄덕였다.

물결표는 '~부터 ~까지'를 대신하는 부호다.

서기전 6세기~서기전 4세기의 헬라스 세계

물결표는 사전의 용어 설명이나 해설서에 많이 나오는데,

방금 물결표를 처음 설명하면서 '~부터 ~까지'라고 적었듯, 굳이 구체적인 예를 적지 않고 통칭하여 일반화할 때 유용하다. 또 앞에 나온 말을 되풀이하지 않으려고 쓰기도 한다.

'유령'은 이름만 있을 뿐 실제로는 존재하지 않는 것을 가리킬 때 쓰인다.

예: ~ 도시, ~ 작가, ~ 인구

붙임표(- , 하이픈)

붙임표(-)는 앞말이나 뒷말과 원래 붙어 있다는 걸 알리려고 사용하는 부호다. 사전에서 복합어라는 점을 알리거나 어원을 밝힐 때 자주 쓴다.

선어말 어미에는 ' - 았 - ', ' - 겠 - ', ' - 더 - ', ' - 시 - ' 등이 있다.

프리마돈나(Prima - donna)

'~의'라고 물결표를 붙여 적으면 '의'의 기본적인 역할인 관형격 조사라는 점이 강조되는 데 비해, 드물긴 하지만 ' - 의'라고 붙임표를 붙여 적으면 '의'가 앞말에 붙여 쓰는 의존 형태소라는 점이 강조된다.

쌍점(:)

쌍점은 주로 개념을 설명할 때 쓰는 부호로서 쌍점의 앞뒤
는 동의어이거나 동격이다.

공리주의(功利主義): 쾌락과 효용을 선악의 기준으로 삼
는 상대론적 윤리설.

쌍점을 어떻게 띄고 붙일지 연구자마다 의견이 다르지만
앞 글자에 붙이고 한 칸 띄는 것이 합리적인 것 같다. 아래는
쌍점 사용의 예외다.

현재 점수 2:1
현재 시각 12:27
「마태복음」 19:24

번역문 안에 역자가 덧붙인 주석이라는 점을 알리려고 쌍
점을 사용하는 번역서를 더러 보았는데, 쌍점은 기본적으로
용어를 설명하려고 쓰는 동격 부호이므로 거기에는 쌍점 대

신 줄표를 쓰는 게 적절하다.

공리주의(쾌락과 효용을 선악의 기준으로 삼는 윤리설: 역주)
→ 공리주의(쾌락과 효용을 선악의 기준으로 삼는 윤리설 —
역주)

쌍반점(;)

쌍반점은 앞뒤 문장이 긴밀하게 연관된다는 점을 알리거
나 같은 문장 구조가 반복된다는 것을 알리는 부호로 마침
표에 가까운 쉼표의 일종이다. 한국어 어문 규정에는 없지만
학술적인 글에 더러 쓰이며, 문장 안에 쉼표가 이미 여러 번
나온 글에서 절을 구분할 때 쓴다.

데카르트는 산술, 기하를 통합하여 설명함; 패러데이는
전기, 자기를 통합하여 설명함.

그렇지만 학술적인 글이라고 하여 굳이 쌍반점을 써야 할
까닭은 없거니와, 한국어 문장에 썩 어울리지도 않는다. 다
른 부호를 사용하거나 '마찬가지로' 같은 접속 부사를 적절
히 활용하는 편이 더 나을 듯하다.

훌륭한 문법 교사 이익섭은 『한국어 문법』 머리말에 이렇게 적었다. "우리말은 오묘한 규칙이 많다. 문법 공부는 평소 무심히 지나치고 지낸 이런 규칙들을 새삼 발견하는 즐거움을 줄 것이며, 그로써 우리말을 더 자신 있게, 더 정확하게 사용할 수 있게 되기도 할 것이다."

6장 배경지식 활용하기

1. 역주

    역주 없이 원문의 뜻을 잘 전달하는 게 가장 좋은 번역이다. 주석을 다는 일은 원문을 완벽하게 전달하지 못할 때 취하는 차선책이다. 역자의 설명은 적을수록 좋다. 본문 중간에 역주가 끼어들면 읽는 흐름이 끊기므로, 흐름을 잠시 끊고서라도 넣는 게 좋다는 확신이 들 때만 주석을 달아야 한다. 노파심에 넣는 친절한 주석은 독자를 짜증나게 만들기 십상임을 명심하자. 책 처음부터 끝까지 수십 번에 걸쳐, 'description'이라는 단어가 나올 때마다 한글로 '기술'이라고 옮긴 다음 한자 '記述'을 병기한 번역서를 보았다. 기술(技術)이 아니라는 점을 독자에게 주지시키려고 그랬을 것이다. 차라리 '기술'이라는 번역어를 버리고 '서술'을 번역어로 택하면 어떨까? 그러면 그 단어가 처음 나올 때 'description'을 한 번만 병기하면 되고 서술에 해당하는 한자를 매번 병기할 필요도 없다.

부연 설명은 언제 필요한가? 예를 들어 보자. 경제 뉴스에서 '출구 전략'이라는 말을 자주 들었는데 인터넷으로 용어 설명을 찾아보기 전까지는 도무지 이 말의 뜻을 짐작할 수 없었다. 내가 뉴스 진행자라면 출구 전략이라는 말이 나올 때 이렇게 설명을 덧붙이겠다.

> 출구 전략이란 단기 조치를 해제하고 장기적인 경제 정책으로 돌아가는 걸 뜻하는데요, 오늘 연방준비제도이사회가 출구 전략을 검토했습니다.

쓸데없는 곳에 덧붙이면 독자를 귀찮게 할 뿐이지만 필요한 곳에 해설을 덧붙이는 건 독자에게 매우 유용하다. 텔레비전과 동시에 방송되는 라디오 뉴스를 듣다 보면 라디오 아나운서가 중간에 끼어들어 지금 뉴스에 나와서 말하고 있는 사람이 누구인지 알려 주곤 하는데 그것 때문에 그 사람 말이 안 들리거나 뉴스 맥락을 파악하는 데 오히려 방해가 될 때가 많다. 가령 외국 사람의 인터뷰가 나올 때 무슨 말인지 간략히 설명해 줄 때는 라디오 아나운서가 끼어들어야 하지만 한국어 맥락에서는 되도록 나서지 않는 게 더 유익하다. 청취자도 그 뉴스가 라디오 방송용이 아니라 텔레비전 방송용으로 만든 것을 동시 중계한다는 걸 감안하고 듣기 때문이다. 부연 설명의 목적은 독자나 청취자가 원뜻과 맥락에 가까이 다가갈 수 있도록 효율적으로 돕는 일이다. 그러니 부연은 하면 좋고 안 해도 상관없는 종류라기보다 꼭 해야 하거나 아예 하면 안 되는 문제에 속한다.

독자 입장에서 읽어 보면 번역어 옆에 원어를 병기해야 할지 말지 판단할 수 있을 것이다. 외국 사람 이름을 한글로 표기하면서 습관처럼 괄호를 열고 원어를 병기하는 번역자들이 있는데 대부분 지면 낭비. 독자가 그것까지 알 필요는 없기 때문이다. 일관성을 갖추기도 어렵다. 누구는 적고 누구는 뺄지 구분하기가 애매하기 때문이다.

미야자키 하야오(宮崎駿) 감독이 만든 애니메이션의 배경
음악은 주로 히사이시 조(久石讓)가 작곡했다.

위 문장에서 원어는 굳이 병기하지 않아도 된다. 독자가 문장을 단숨에 읽기에 거추장스러울 뿐이다. 고유한 이름을 원어로 병기하려면 뚜렷한 목적이 있어야 한다. 예를 들어 '지킬과 하이드'(Jekyll and Hyde)는 그 이름이 처음 나오거나 맥락상 다시 필요할 때 원어를 병기해 주는 게 작품을 잘 이해하는 데 도움이 된다. 이름의 철자 하나를 바꾸면 '살해'(kill)와 '은폐'(hide)가 되고 그 두 개념은 작품의 주요한 구성 요소이기 때문이다. 아래 두 문장에는 각각 도시 이름이 나

오는데 한 문장에만 원어를 병기한 까닭이 무엇인지 생각해
보라.

미국의 뉴욕 시는 21세기 문화 예술의 중심지다.
볼리비아의 포토시(Potosí)는 에스파냐 침략자들이 은을
수탈하던 도시다.

'뉴욕 시'에는 원어를 병기하지 않았지만, '포토시'에는 원
어를 병기했다. '포토시'라고만 표기하면 독자가 도시 이름
을 '포토'라고 오해할 수도 있기 때문이다.

『난중일기』에는 인간 이순신의 고뇌와 신념이 담겼다.
『백범일지』(白凡逸志)에는 아들을 아끼는 아버지 김구의
마음도 담겼다.

첫째 문장에는 굳이 한자 제목(亂中日記)을 병기하지 않아
도 된다. 상식으로 충분히 원제를 짐작할 수 있기 때문이다.
둘째 문장에는 한자 표기를 밝히는 게 좋다. 밝히지 않으면
독자는 '일지'를 널리 알려진 용어인 '일지'(日誌)라고 오해할
수 있기 때문이다. 아래 번역문의 역주는 사족이다.

페로우트카 선생님은 히스토리 채널(역사 다큐멘터리 전문

케이블 방송 – 역주)의 내레이터처럼 저음의 단조로운 목소
리로 중얼거렸다.

'히스토리 채널'을 본 적이 없는 독자라도 누구나 '히스토
리'에서 '역사'를 떠올릴 수 있기 때문이다.

페로우트카 선생은 히스토리 채널의 내레이터처럼 저음
으로 단조롭게 중얼거렸다.
페로우트카 선생은 역사 다큐멘터리 성우처럼 저음으로
단조롭게 중얼거렸다.

괄호를 치고 역자의 주석을 덧붙이기보다, 괄호 대신 문장
안에 자연스럽게 녹여 넣는 방식을 권한다. 원문의 순수성이
훼손될까 두려워하지 않아도 된다. 역자의 권한으로 그 정도
는 해도 괜찮다.

원문 His work is very witty like Keith Haring's paintings.
번역 그의 작품은 키스 해링의 그림처럼 무척 발랄하다.

독자가 키스 해링을 모른다는 점을 전제하면 위 문장을 아
래처럼 바꿔도 무방하다.

그의 작품은 낙서의 순수함을 표현한 키스 해링의 그림처럼 발랄하다.

그렇지만 아래처럼 부연하는 건 과잉 설명이다.

그의 작품은 키스 해링(Keith Haring, 1958~1990. 낙서 같은 거리 문화에 영향을 받은 미국의 화가 – 역주)의 그림처럼 발랄하다.

원문에 없는 말을 덧붙이려면 온라인이든 오프라인이든 백과나 용어 사전을 한 번은 꼭 참조해야 한다. 자기 깜냥에 너무 기대지 말라. 한 수강생이 아래처럼 번역문을 작성했다.

소년은 무솔리니(이탈리아의 정치 혁명가 – 역주)라도 된 것처럼 친구들에게 거만하게 소리쳤다.

그 수강생에게 물어보니 중학생이 이 글의 주요 독자인데, 눈높이에 맞추려고 자신이 아는 대로 무솔리니에 대한 설명을 덧붙였다고 했다. 그렇지만 역사는 무솔리니를 독재자라고 규정하고 있으니, 굳이 번역자 설명을 넣으려면 아래처럼 처리해야 자연스러울 것이다.

소년은 독재자 무솔리니라도 된 것처럼 친구들에게 거만
하게 소리쳤다.

저자의 설명이 미흡하다고 판단하면 역주에서 보완해도
좋다. 연구서나 학술서가 아니면 주석으로 처리하지 않고 본
문에 반영해도 괜찮다. 교양 과학 서적인 『객관성의 칼날』 49
쪽에 이런 구절이 나온다.

> 1539년에는 게오르크 요하힘 레티쿠스(Georg Joachim
> Rheticus)—본명은 폰 라우헨(von Lauchen)이지만 그는 자
> 기가 태어난 곳을 따서 이렇게 불렀다—라는 사람이 프
> 라우엔부르크에 도착했다…

줄표 안의 설명대로 본명이 '폰 라우헨'이라면 '게오르크
요하힘 레티쿠스'는 가명이거나 새로 지은 이름일 것이다.
그러면 본명이 아닌 이 이름이 태어난 곳의 명칭과 관련이
있어야 한다. 그런데 위 번역문만 봐서는 저자가 부연한 목
적을 종잡기 어려웠다. 원문을 찾아보았다.

> Then in 1539 there arrived in Frauenburg one Georg
> Joachim Rheticus (as he called himself after his birthplace,
> though his real name was von Lauchen)…

번역문을 보고 원뜻을 쉽게 알 수 없는 건 원문의 설명이 미흡하기 때문이다. 번역자의 잘못이라면 원문에 없는 줄표를 부적절하게 사용하여 의미 혼란을 가중했다는 점이다. 괄호는 일반적으로 바로 앞말에 대한 부연 기능을 하므로 원문의 괄호 안 내용은 'Rheticus'를 보충한다. 그러니 '레티쿠스'라는 번역어 뒤에 괄호를 열고 부연하면, 독자는 '레티쿠스'가 저 인물의 고향 이름과 관련이 있음을 쉽게 짐작할 수 있을 것이다. 앞뒤 맥락을 파악해 보려고 자료를 찾아보았다. 이름에 얽힌 이야기 전개는 대강 이랬다.

— '게오르크 요아힘 이세린'은 의사 아버지인 '게오르크 이세린'과 어머니인 '토마시나 데 포리스' 사이에서 태어났다.

— 아버지 게오르크 이세린은 환자의 재산을 훔치다 발각되어 '이세린' 가문에서 제명되었다.

— '게오르크 요아힘'은 아버지 가문의 성을 더는 못 쓰고, 어머니의 처녀적 성인 '데 포리스'(de Porris)를 쓰게 되었다.

— '데 포리스'를 영어로 번역하면 'of the leeks'인데 리크(leek)는 부추와 닮은 채소의 일종이다.

— '폰 라우헨'(von Lauchen)은 '데 포리스'를 도이칠란트어로 직역한 것이다.

— 도이칠란트 라이프치히 대학 입학명부에 실린 이름은 '게오르크 요아힘 폰 라우헨'이다.

— 게오르크 요아힘의 출생지는 오스트리아의 '라에티아'(Rhaetia)인데 그는 라에티아 사람임을 드러내는 라틴식 이름인 '레티쿠스'(Rheticus)를 새로운 자기 성으로 삼았다.

— '게오르크 요아힘 이세린'은 '게오르크 요아힘 데 포리스'와 '게오르크 요아힘 폰 라우헨'을 거쳐 비로소 '게오르크 요아힘 레티쿠스'가 되었다.

자, 이제 원문을 이렇게 옮겨 보자.

1539년에 게오르크 요아힘 레티쿠스(진짜 성인 '폰 라우헨'을 버리고 고향인 라에티아를 본따 스스로 붙인 성)라는 사람이 프라우엔부르크에 도착했다…

맥락과 어감을 해치지만 않는다면, 원문을 곧이곧대로 옮길 게 아니라 약간 다듬어도 괜찮다. 저자도 살리고 번역자도 살고 독자도 살피는 번역이 불가능한 것만은 아니다.

『가톨릭 헤럴드』 편집장 루크 코펜은 한국 친구한테서 『울지 마 톤즈』 영상본을 구했다. 평생 약자와 병자를 위해 살다 간 고 이태석 신부의 행적이 담긴 이 다큐멘터리를 영어 자막 없는 한국어 낭독본으로 보며 그는 감동하여 내내 울었다고 한다. 자막이 없는 건 내용을 이해하는 데 아무 장애가 되지 않았다. 본론이 주는 메시지가 워낙 강렬하여 해설이나 부연이 필요치 않았다. 처음으로 돌아가 말하자면, 좋은 대본을 고르면 주석을 달 일도 줄어든다. 원문으로 충분하다면 번역자도 부연 설명을 아끼자.

2. 해설

역자는 번역을 다 마친 다음 주로 책 뒤쪽에 해설을 써서 덧붙이는데, 독자 중 상당수는 뒤로 가서 역자 해설을 먼저 읽고 돌아와 본문을 읽는다. 대강 내용을 파악한 다음 더 쉽게 본문을 읽고자 하기 때문이다. 역자 해설의 미덕도 이런 목적에 부합해야 한다. 번역자는 원문을 수없이 읽어 본 사람이므로 독자에겐 훌륭한 선생이거나 안내자다. 그러나 방향을 잘 제시해 주면 되지 하나부터 열까지 모두 알려 줄 필요는 없다. 쉬운 용어로 간략히 설명해 주는 게 역자의 역량이다.

동시통역사인 친구가 이런 말을 들려주었다. "통역할 때 쓸데없이 말이 길어지는 경우가 있어. 그건 말을 제대로 이해하지 못했다는 뜻이거든. 그 사실을 감추려고 주저리주저리 떠드는 거야." 번역자 가운데도 선무당이 있는데 이들은 얄팍한 지식에 기대어 제대로 이해하지도 못한 전문 용어로 해설 지면을 '떡칠'한다. 무식을 감춰야 하기 때문이다. 좋은 번역자는 일반 독자들이 쉽게 이해할 수 있는 용어로 글을 쓰며, 가벼운 표현에 무거운 메시지를 담는다. 역자 해설이라 하여 굳이 번역자의 해석을 집어넣으려고 애쓰지 않아도 된다. 몇 백 쪽에 달하는 원문 내용을 몇 쪽 분량으로 잘 요약하는 것도 훌륭한 해설이다. 번역자는 독자에게 3-4백쪽 본문 내용을 서른 줄로도 설명할 수 있고, 서너 줄로도 요약해 줄 수 있어야 한다.

『오즈의 마법사』를 본 다음 나는 블로그에 이렇게 요약해 두었다.

철없는 도로시가 뇌 없는 허수아비와 심장 없는 양철 인간과 용기 없는 사자를 만나 각자 없는 걸 얻으려 에메랄드 성으로 가는 여정 끝에 있는 줄 알았던 마법사가 없음을 깨닫자 없는 줄 알았던 자기 것을 저마다 발견하고 왔던 곳으로 돌아간다는 이야기.

이 작품을 아직 보거나 읽지 않은 사람에게는 이 한 문장이 길잡이 역할을 할 수 있을 것이다. 소설이나 드라마는 역자 해설이 필요 없는 경우가 많지만, 인문학처럼 배경지식이 필요한 분야에서는 역자 해설의 중요도 역시 높아진다. 요약의 모범이 될 만한 대목을 하나 인용한다.

자본주의의 요체에 대해서는 견해가 달라 예컨대 애덤 스미스는 시장 관계로, 카를 마르크스는 소유의 사회적 관계로, 막스 베버는 삶을 조직하는 능력으로 보았지만, 이들 모두는 16세기에 변화의 계기가 일어났음을 발견했다. 그것은 스미스에게 유럽의 해외 진출로 말미암은 분업과 전문화의 확대 및 심화였고, 마르크스에게 16세기 영국의 농촌에서 일어난 '자본의 시원적 축적'이자 이로 말미암은 산업 자본 및 임금 노동자층의 형성이었고, 베버에게 종교 개혁의 와중에서 개신교, 특히 장 칼뱅의 가르침 속에서 탄생한 합리적인 '자본주의 정신'이었다.

— 이영림 · 주경철 · 최갑수, 『근대 유럽의 형성』, 까치글방, 2011년, 10쪽

이 두 문장 안에 자본주의를 바라보는 애덤 스미스, 카를 마르크스, 막스 베버의 견해가 잘 정리돼 있다. 이 요약문은 아직 『국부론』을 읽지 않은 독자에게, 『자본론』이나 『공산당 선언』을 읽지 않은 독자에게, 그리고 『프로테스탄티즘의 윤리와 자본주의 정신』을 읽지 않은 독자에게 무척 좋은 징검다리가 될 것이다.

다음은 존 스튜어트 밀의 『자유론』를 읽고 내가 정리한 요

약문이다.

사회가 개인을 상대로 정당하게 행사할 수 있는 권력의 한계를 규정하는 것이 이 글의 목적이다. 자유와 권력의 대립은 오래전부터 있었으나, 사회가 발전하며 사람들은 자신의 이익과 지배자의 이익이 대립하는 것이 섭리라는 생각을 버리게 되었다. 인민의 의지에 따라 지배자를 바꿀 수 있다. 한편 인민의 의지란 곧 다수파의 의지로서, 정치 영역에서 일어날 수 있는 '다수의 횡포'는 민주정이 가장 경계해야 할 해악이다. 타인의 자유를 침해할 수 있는 경우는 자기 보호를 위해 필요할 때뿐이다. 그 밖에 본인 의사와 관계없이 무슨 일을 시키거나 금지해선 안 된다. 효용 또는 공리는 모든 윤리적 문제의 궁극적 기준인데, 다른 사람의 이익에 영향을 끼치는 행위에 대해서만 외부의 힘이 개인의 자율성을 제한할 수 있다. 여론을 빌려 자유를 구속하는 건 해악이다. 전체 인류 가운데 한 사람이 다른 생각을 지녔다고 그에게 침묵을 강요해선 안 된다. 하나인 세계에는 그 세계에 사는 사람 수만큼에 해당하는 세상들이 존재한다.

자신이 아는 정보를 독자에게 빠짐없이 몽땅 전달하고자 하는 건 번역자의 욕심일 뿐이며, 건전한 의사소통과 공감을 해친다. 모두 전달하려는 욕심을 버리고 가장 중요하고 본질적인 것 하나만 제대로 전달하겠다는 소박한 목표를 세우자. 어떤 경우든 저자의 원문보다 역자 해설이 더 중요하진 않다. 상황이나 조건에 관계없이 무조건 따라야 할 도덕규범이 있다고 주장한 칸트의 정언 명법을 고등학생 독자에게 설명한다고 해 보자.

네 의지의 준칙이 항상 동시에 보편적 입법의 원리에 부합하게 행위하라.
→ 네가 하는 짓을 모든 사람들이 똑같이 하면 세상이 어떻게 될지 생각해 봐라.

본질에서 벗어나지 않는다면 개념을 쉽게 파악할 수 있게 하는 무난한 해설이 훨씬 효과적일 것이다. 인문학 공부에 갓 입문한 사람이 '실체'가 뭐냐고 물으면, 형이상학 책에 규정된 해설로 가르치기보다는 부족한 듯싶어도 '변하지 않는 것'이라고 이해시키는 게 더 낫다. 그러면 노력한 만큼 스스로 섬세한 의미에 닿을 수 있기 때문이다. 형이상학이 뭐냐 물으면 파르메니데스부터 언급할 게 아니라, 변하지 않는 법칙을 찾으려는 학문이라고 일단 설명하는 게 낫다. 철학 강독 수업이 끝나고 전철역으로 가다가 선배에게 물어보았다. "아까 선생님이 언급하신 하이에크가 어떤 인물인가요?" 선배가 대답했다. "나쁜 놈이야." 그 말을 듣고는 감 잡았다. 그날 수업 주제가 자본주의적 생산 양식과 신자유주의가 초래한 천박한 세태를 비판하는 것이었기 때문이다.

독자에게 추상적인 개념을 쉽게 이해시키려면 구체적인 사물이나 현상으로 표현하라. 아리스토텔레스의 형이상학에 관한 글을 번역했다고 해 보자. 4원인설이 나오는데 본문에 추상적인 개념으로만 설명돼 있다면 역자 해설에서는 구체적인 사물이나 현상으로 이야기하듯 설명하면 독자에게 무척 유용할 것이다.

> 4원인은 집을 지을 때 필요한 네 가지 조건과 비슷하다. 집을 지으려면 먼저 집짓기에 대한 열망(목적인)이 있어야 한다. 다음으로 설계(형상인)가 필요하고, 자재(질료인)도 있어야 한다. 세 조건이 갖추어지면 마지막으로 노동력(동력인)이 투여되면 된다.

독자에게 어려운 개념을 쉽게 이해시키려면 이야기라는 형식에 내용을 담아도 좋다. 이야기는 전달력이 무척 세기 때문이다. 내가 한 말이라며 어떤 분이 자기 블로그에 이렇게 적었다.

> 아버지가 플라톤을 읽으면 아들은 데미안을 읽는다고.

내가 교육방송 라디오 프로그램에서 글쓰기 꼭지를 진행하면서 했던 말은 이렇다.

아버지가 소포클레스의 비극을 읽으면 딸은 『어린 왕자』를 읽을 겁니다. 엄마가 『여성 중앙』을 읽으면 아들은 『선데이 서울』을 읽을 겁니다.

내가 했던 것과 같게 말하지 않았어도 저분은 내 의도를 잘 표현했다. 부모가 좋은 책을 꾸준히 읽는 것이 자녀에게 좋은 책을 읽히는 현명한 방법이라는 점을 전달하는 게 목적이기 때문이다. 소포클레스의 비극을 플라톤이 대체해도 좋고 아우구스티누스나 단테가 대체해도 상관없을 것이다. 물론 출처를 확인하여 정확하게 전달하면 더 좋다.

안전보건공단 직원 글쓰기 교육을 담당하면서 실습 시간에 이야기 형식을 빌려 내용을 전달하는 연습을 시킨 적이 있다. 공단에서 주로 처리하는 일이 사고와 재해인지라 일반시민을 독자로 설정하고 사고와 재해의 개념 차이를 설명해 보기로 했다. 한 직원이 실제 벌어진 사건에 바탕을 두고 이야기를 다시 구성했다.

아파트 5층에서 어린이가 추락하는 사고가 일어났습니다. 그런데 마침 아래를 지나던 여고생이 용감하게 몸을

던져 아이를 받아 냈어요. 그래서 재해는 일어나지 않았지요. 그러면 이런 경우를 가정해 봅시다. 아파트 1층 베란다에 있던 노인이 미끄러져 화단으로 넘어졌어요. 대수롭지 않은 사고처럼 보였지만 척추가 골절됐어요. 재해가 발생한 겁니다.

실제 이야기를 발굴하고자 노력했고, 이야기 형식을 잘 활용해 사고와 재해의 개념 차이를 명확히 설명했다. 좋은 표현에는 설득력과 전달력이 깃든다. 이 이야기를 전해 들은 사람은 다음처럼 이야기를 전달할지도 모른다.

있잖아. 아파트 7층에서 아기가 떨어졌는데 아래에 있던 여대생이 떨어지는 아기를 받아 냈대. 사고는 일어났지만 재해는 막은 거지.

이 사람은 허위 정보를 전한 걸까? 아니다. 사실 정보가 조금 어긋나긴 했지만 요점을 잘 전했으므로 제 역할을 다 했다. 비유 역시 독자를 쉽게 이해시키는 좋은 방법이다. 한국방송의 프로그램 『TV 미술관』에서 '델피르와 친구들' 사진전을 소개한 적이 있다. 해설을 맡은 명지대 교수 박주석은 앙리 카르티에 브레송의 사진 세계와 로버트 프랭크의 사진 세계를 비교하면서 이렇게 비유했다. "앙리 카르티에 브레송의 사진이 결정적 한 장면으로 아름다움을 표현하는 서정시 같다면, 로버트 프랭크의 사진은 방금 전에 펼쳐진 장면과 앞으로 펼쳐질 이야기를 예측하게 하는 흥미로운 소설 같다." 근사한 비유다. 두 사진작가를 모르는 내게 방향을 제시해 주었다.

독자를 쉽게 이해시키는 방법 중에는 비교도 있다. 존재의 대연쇄 안에서 사건들은 서로 비슷한 특징으로 연결돼 있기 때문이다. 농구를 좋아하는 사람은 마이클 조던이 현란하게 공을 다루다가 자유투 지점에서 림을 향해 도약하던 모습을 잊지 못할 것이다. 야구를 좋아하는 사람은 켄 그리피 주니어의 부드러운 스윙을 기억할 것이다. 이 두 사람이 농구, 야구 이야기를 할 때 축구 팬은 지네딘 지단의 우아한 마르세유 턴을 떠올릴 것이다. 세 사람은 최고 선수의 최고 기량이 아름답게 펼쳐지는 공통 지점에서 만난다. 자연학자 뉴턴은 크고 작은 물체들이 운동하는 일관한 법칙을 발견하고 신이 창조한 우주의 조화로움을 찬미했다. 1962년에 크릭과 함께 노벨상을 받은 생물학자 왓슨은 1953년에 현미경 안에 펼쳐진 디엔에이(DNA)의 이중 나선 구조를 발견하고 황홀경에 빠졌다. 과학자라면 한 번쯤 꿈꾸는 그런 희열은 본질이 같다.

"훌륭함의 종류는 한 가지이나 나쁨의 종류는 수없이 많다"라고 말한 철학자 소크라테스와 "행복한 가정은 모두 같은 이유로 행복하지만 불행한 가정은 각기 다른 이유로 불행하다"라고 적은 작가 톨스토이는 다른 조건에서 출발해 같은 결론에 도달했다. 플라톤의 책 해설에 톨스토이를 언급해도 되고, 톨스토이의 책에 소크라테스를 등장시켜도 괜찮을 것 같다. 훌륭한 대본은 서로 돕는다.

맺음말

소프라노 조수미가 오페라 『마술 피리』의 아리아 「밤의 여왕」을 부르는 동영상을 보았다. 악장 사이도 아니고 심지어 곡이 끝나지도 않았는데 감동을 주체 못한 관객들이 손뼉을 치고 환호했다. 조수미는 중간에 터져 나온 박수에 아랑곳하지 않고 아름답게 곡을 마무리 지었다. 그 장면은 공연장에 가면 어디서 손뼉을 쳐야 할지 몰라 바짝 얼어붙는 내게 단비 같은 통쾌함을 선사했다. 마음에서 깊이 우러나온 감동을 솔직하게 표현하는 관객과 멋지게 응답하는 가수 사이의 의사소통이 매우 아름다웠다.

지휘자 다니엘 바렌보임이 이끄는 교향악단은 이스라엘과 팔레스타인 지역 청년 연주자들로 구성되었다. 화합할 수 없는 것처럼 보이는 구성원들이 조화를 이루며 평화라는 주제를 온 세계에 전하고 있다. 이 교향악단의 이름은 동서양 문명의 조화를 서술한 괴테의 『서동 시집』을 그대로 따왔는데, 이스라엘 출신 바렌보임과 팔레스타인 출신 학자 에드워드 사이드가 함께 창설했다. 월간 『객석』이 마련한 대담에서 바렌보임은 이렇게 말했다. "개인과 국제적 관계의 조화는 오로지 잘 들을 때 비로소 성립한다." 음악가다운 말이다. 다른 연주자의 소리를 잘 들어야 자신도 잘 연주할 수 있다. 어찌 음악뿐이랴, 번역과 의사소통 영역에 두루 적용할 수 있는 덕목이라는 점을 우리는 공감할 수 있다.

건축가 정기용의 이야기를 담은 다큐멘터리 『말하는 건축가』에 이런 대목이 나온다. "건축가로서 내 관심은 원래 거기 있던 사람들의 요구를 공간으로 번역하는 것이다." 그는 훌륭한 번역자였다.

제주도 성산에 터를 잡은 사진작가 김영갑은 루게릭병에 걸려 사진기를 더 이상 들 수 없을 때까지 용눈이 오름의 풍경을 찍고 또 찍었다. 그의 소망은 용눈이 오름의 바람을 사진에 담는 일이었다. 보이지 않는 바람을 보이게끔 번역하는 일은 쉽지 않았다. 흔들리는 억새, 하늘거리는 코스모스, 부드럽게 팬 현무암…. 사진에서 바람이 조금씩 일기 시작했다. 바람을 시각 언어로 번역하겠다던 그의 무모한 시도는 얼마나 순수한가. 바람이라는 원전을 옮긴 김영갑의 번역본은 갤러리 '두모악'에 전시돼 있다.

한국 프로 야구를 빛낸 투수 최동원이 사망하고 얼마 지나지 않아 지상파 방송사들이 추모 다큐멘터리를 제작하여 방영했다. 그런데 사망 직후 방송을 내보낸 다른 방송사와 달리 문화방송만 두 달 뒤에 프로그램을 방영했다. 『MBC 스페셜』 제작진은 2011년 11월 11일 밤 11시 무렵 「불멸의 투수 최동원」 편을 선보였다. 제작진은 롯데 자이언츠 팬들을 위해, 등 번호 11번을 달고 뛰었던 그들의 영웅을 아름답게 추모했다. 방영 시기만으로도 최동원이 현역 선수로 뛰던 그 시절의 맥락이 생생히 살아난다.

한국방송 프로그램 『다큐멘터리 3일』의 「국립과학수사연구원」 편에 시신을 부검하여 사망 원인을 밝히는 법의관들의 인터뷰가 나왔다. 그런데 특이한 건 이들이 시신을 '죽은 모습'이라고 말하지 않고 '삶의 마지막 모습'이라고 표현한다는 점이었다. 불가피하게 삶과 이별하면서 시신이 남긴 소리 없는 마지막 이야기를 들어 줄 수 있는 사람은 자신들뿐이라는 것이다. 자신이 몸담은 분야에 애정을 품고 오랜 세월 성실히 그 일을 하다 보면 이렇게 훌륭한 번역자가 된다. 산 사람들이 죽은 자의 사인에 대해 이렇다 저렇다 마음대로 지껄이는 일은 얼마나 잔인한가. 사망자의 처지에서 그가 무엇을 말하고자 했는지 밝히고 일반인이 이해할 수 있는 언어로 잘 옮기고자 하는 법의관의 진지한 태도에 가슴이 뭉클해졌다. 훌륭한 번역자인 이들의 번역관은 이런 것이다. '사람은 죽어서 흔적을 남긴다. 그것을 올바로 번역하는 게 우리 일이다.' 원문의 맥락이 생생히 살아난다.

　플라톤의 『국가』 10권에 이런 내용이 있다. '훌륭함에는 주인이 따로 없다. 훌륭함을 귀하게 여기는 이는 훌륭함을 많이 갖고 천하게 여기는 이는 적게 갖는다.' 이 훌륭함을 많이 갖기 위해 우리는 공부하는 번역자로서 소명을 다해야 한다. 귀찮고 번거로우며 들어가기 힘든 그 좁은 문을 향해 뚜벅뚜벅 걸어가노라면, 당신은 어느덧 전혀 만날 수 없을 줄만 알았던 두 맥락을 잘 연결하고 있을 것이다. 당신은 좋은 번역자다. 배운 것을 틈나는 대로 실천하면 즐거우리라. 말과 글과 삶이 하나로 만나는 그런 기쁨을 느낀다면 당신은 훌륭한 번역가다.

참고 자료

※본으로 삼은 책

이성복, 『한국어 맛이 나는 쉬운 문장』, 세창미디어, 2007년.
이수열, 『우리가 정말 알아야 할 우리말 바로 쓰기』, 현암사, 2004년.
이익섭, 『한국어 문법』, 서울대학교출판문화원, 2012년.
이희재, 『번역의 탄생』, 교양인, 2009년.
칼 마르크스·프리드리히 엥겔스(지음), 강유원(옮김), 『공산당 선언』, 이론과실천, 2008년.

1장 좋은 글 고르기

롤프-베른하르트 에시히(지음), 배수아(옮김), 『글쓰기의 기쁨』, 주니어김영사, 2010년.

마쥔(지음), 임홍빈(옮김), 『손자병법 교양강의』, 돌베개, 2009년.

슈테판 츠바이크(지음), 안인희(옮김), 『위로하는 정신』, 유유, 2012년.

앙토냉 질베르 세르티양주(지음), 이재만(옮김), 『공부하는 삶』, 유유, 2013년.

플라톤(지음), 박종현(역주), 『국가·政體』, 서광사, 2007년.

허먼 멜빌(지음), 김석희(옮김), 『모비 딕』, 작가정신, 2010년.

문화방송, 『시사매거진 2580』, 2008년 10월 26일

Ted.com, "(re)touching lives through photos"

Ted.com, "A father – daughter bond one photo at a time"

2장 용어 다루기

김은진, 『유전자 조작 밥상을 치워라』, 도솔, 2009년.

야나부 아키라(지음), 서혜영(옮김), 『번역어 성립 사정』, 일빛, 2003년.

염정삼, 『설문해자주 부수자 역해』, 서울대학교출판문화원, 2013년.

영미문학연구회, 『영미명작, 좋은 번역을 찾아서』, 창비, 2005년.

존 게이블·찰스 월러·앤서니 요크·데이비드 시티노(지음), 신우철(옮김), 『문학으로의 성서』, 이레서원, 2011년.

3장 맥락 살피기

브루노 라투르 등(지음), 홍성욱(엮음), 『인간·사물·동맹』, 이음, 2010년.

스티븐 제이 굴드(지음), 이명희(옮김), 『풀하우스』, 사이언스북스, 2002년.

유은경, 『소설 번역 이렇게 하자』, 향연, 2011년.

이희재, 『번역의 탄생』, 교양인, 2009년.

정선태. 『한국 근대문학의 수렴과 발산』, 소명출판, 2008년.

4장 문장 다듬기

라데군디스 슈톨체(지음), 임우영 등(옮김), 『번역이론 입문』, 한국외국어대학교출판부, 2011년.

조지 레이코프 · M. 존슨(지음), 노양진 등(옮김), 『삶으로서의 은유』, 박이정, 2006년.

최경봉, 『한글 민주주의』, 책과함께, 2012년.

한국방송, 『역사스페셜』, 「노비 정초부, 시인이 되다」, 2011년 11월 17일.

5장 문법 지식 갖추기

김도훈, 『문장부호의 번역학』, 한국문화사, 2011년.

이성복, 『쉬운 문장 좋은 글』, 세창미디어, 2003년.

이성복, 『한국어 맛이 나는 쉬운 문장』, 세창미디어, 2007년.

이수열, 『우리가 정말 알아야 할 우리말 바로 쓰기』, 현암사, 2004년.

이익섭, 『한국어 문법』, 서울대학교출판문화원, 2012년.

6장 배경지식 활용하기

로버트 솔로몬 · 캐슬린 히긴스(지음), 박창호(옮김), 『세상의 모든 철학』, 이론과실천, 2007년.
존 스튜어트 밀(지음), 서병훈(옮김), 『자유론』, 책세상, 2010년.
이영림 · 주경철 · 최갑수, 『근대 유럽의 형성』, 까치글방, 2011년.

한국방송, 『KBS 스페셜』, 「울지 마 톤즈, 그 후」

맺음말

문화방송, 『MBC 스페셜』, 「불멸의 투수 최동원」
한국방송, 『다큐멘터리 3일』, 「국립과학수사연구원」
정재은, 『말하는 건축가』

번역자를 위한 우리말 공부
: 한국어를 잘 이해하고 제대로 표현하는 법

2014년 3월 4일   초판 1쇄 발행
2023년 3월 4일   초판 12쇄 발행

지은이
이강룡

펴낸이	**펴낸곳**	**등록**	
조성웅	도서출판 유유	제406-2010-000032호(2010년 4월 2일)	

주소
서울시 마포구 동교로15길 30, 3층 (우편번호 04003)

전화	**팩스**	**홈페이지**	**전자우편**
02-3144-6869	0303-3444-4645	uupress.co.kr	uupress@gmail.com
	페이스북	**트위터**	**인스타그램**
	www.facebook .com/uupress	www.twitter .com/uu_press	www.instagram .com/uupress
편집	**디자인**	**독자 교정**	
조형희	김태형	이경민	
제작	**인쇄**	**제책**	**물류**
제이오	(주)민언프린텍	(주)정문바인텍	책과일터

ISBN 979-11-85152-08-0 03710